帶出資優兒的祕訣：陪伴

陪伴＋身教＋引導＝全方位優秀的孩子

李春秀 ——— 著

推薦序

居然，我被騙了20年……

徐權鼎

於太太的上一本書《6歲前，帶住孩子的心》後記我曾提過「講到阮某，天就黑一邊！」

其實多年前，出版社就一直要太太寫書分享，但她態度曖昧抗拒好久。有次我忍不住問她：

「人家好意要妳寫，怎麼不寫呢？」想不到太太表情怪怪的回答我：

「才不要！寫了以後，我一些祕密豈不都讓你知道了？」

果然事有蹊蹺，看了她的書之後才恍然大悟，我真的是一個大笨蛋！

二十多年前我是一個非常傳統的男人，滿腦子就是事業，所謂爸爸就是能夠努力賺錢養家已經很負責任很了不起了，哪知、哪懂得原來孩子還需要教育？會走上帶孩子之路，是被我太太「設計」了，她的精湛演技騙了我二十年。

話說結婚之初，我忙，要她去買個晚餐，買回來之後居然對我說：

「齁！我們台南路很寬，車又少，你們台北路小，車又多，像是在玩電動玩具賽車，真的很危險。」一副楚楚可憐的樣子。

當時新烘爐新茶古，憐香惜玉的我自然展現了英雄救美的本色，陷了進去還沾沾自喜。

「好，沒關係！那以後晚餐我來買好了。」這一買就是二十年。

再來，洗個地毯，她會邊洗邊唸：

「你們地毯真髒，我手小隻又沒力氣，根本就刷不乾淨！」我聽到了以後，馬上接腔：

「那以後地毯就由我來洗好了。」這一洗多少年？二十年！

洗個衣服，從洗衣機挖出來晾，到了陽台也有事：

「你家竹竿那麼高，沒看到我腿這麼短嗎？根本晾不到！」

我每次演講，連聽眾都知道答案。演技真好，這一演就是二十年。我一步步走入她設計的陷阱當中而習慣成自然。

未婚時，自己是個不喜歡孩子的人，想不到女兒開口第一句會叫的居然是爸爸而不是媽媽！我興奮了許久許久……，後來才發現，原來是太太的橋段之一，私下偷教的！

當初孩子也沒上幼稚園，太太的一個關鍵動作居然改變了我及兩個孩子未來幾十年。她把孩子送進「功文」提前學習，讓我兩個一路不必補習。

一開始她接送，之後又以店忙、騎機車載女兒危險為藉口，順勢把孩子漸漸丟給我接手，慢慢的帶出成就感就更投入。

有希望在的地方，痛苦也成歡樂。

許多孩子教育的大事，都是太太先起個頭再天衣無縫、非命令式、很自然的丟給我接手。

她心裡明白，當媽媽的心腸太軟，而一個好父親可以勝過十個媽媽，贏過一百個老師！

只是男生一開始很木頭，不若女生敏銳，需媽媽先推一把；但等爸爸上手後，堅持度又比媽媽強，這就是為什麼父母要分工合作一起投入教育行列的最大原因。

一手獨拍，雖疾無聲。這位好父親一開始需要好媽媽的引導，孩子會更優秀。

國中學歷的我，曾歷經報紙一攤找不到工作的往事，沮喪之際，太太堅定自信的回我：

「沒關係，我可以養家，你負責在家顧小孩就好了。」

哎！原來她腦袋裡早已盤算好了，怎麼彎怎麼拐就是一直設計我帶孩子，她常揶揄我：

「如果不是娶到我，說不定你啊現在還是兩串蕉啦！四處弄榴槤（台語：到處晃之意）。」

也有可能啦！也許不是娶她，今天的我什麼都變了。

我們夫妻倆二十多年，一路走來就是互相漏氣求進步啦！偶爾的吵架當成練丹田，為了更好而非對立，求大同，存小異，就像兒子所言，當初一個討不到老婆，一個嫁不出去，兩個就湊合湊合吧！

世有伯樂，然後有千里馬；千里馬常有，而伯樂不常有。好多人稱讚我厲害，其實是背後發掘我、欣賞我、引導我的伯樂厲害。

人家不是說，所謂成功，就是有時間照顧自己的小孩，也就是「陪」。

陪出好老公、陪出好孩子；好老公、好孩子是「陪」出來的，也是「感動」出來的！

被騙二十年？應該說被感動二十年！

自序

是要陪？還是賠？

李春秀

我的另一半是教養達人，徐權鼎先生。

還沒結婚時，是個沒安全感及從未感受到家庭愛的人。

剛結婚不久就拿著報紙在找工作，他的行為我覺得很好笑，心想以我的能力都能養活全家人，只要你乖乖在家帶小孩。哈哈，當時我就有此想法。

我常開玩笑的對權鼎說：「如果沒有娶到我，依你的個性，到現在還是只有兩串蕉！甚至負債累累！四處弄榴槤（台語：到處晃之意）。」

能當教養達人是我引導他加入育兒行列，鼓勵他親筆寫書的。

當初文經社社長邀他寫書的過程中，曾經退縮過，多次以「文筆不好」而放棄，但經由我強力的鼓勵及大力的遊說，才硬著頭皮寫。

我認為無論代筆者的文筆再好，詞藻再美，終究寫不出作者所想要表達的情感及內涵。

多年下來，證明了我的睿智，徐爸不僅成為教養達人，還是暢銷書的作者，能說能唱能跳，是唱作俱佳、能帶動現場的講師，想要炒熱氣氛找他就對了，保證全場不會打瞌睡，也捨不得去上廁所。

外子出書十多年了，我回答讀者無數且五花八門的問題。

從兩個小蘿蔔頭什麼都不會還要大人千叮嚀萬囑咐，到現在大學了，日常生活樣樣獨立，成績依然亮眼，甚至第一卷姐卷哥。

經過女兒北星計畫、大學學測選校、選系，兒子基測、考科學班，以及科學奧林匹亞得金牌種種的心路歷程，讓我小有心得可以與各位分享，如何陪出好老公及好寶寶。

此時告訴權鼎：「我書中有一篇『陪出好老公』。」

外子用他獨特的幽默感開玩笑的說：「陪出好『碗公』啦！（台語）」

我笑嘻嘻的回他：「你承認自己是『碗公』喔？」

陪伴、引導孩子，對學習產生興趣是非常重要的，因興趣是進入學習的最佳橋梁，是快樂學習的關鍵。

陪伴是有方法的，而談「引導」不是只有引導要訣就能解決問題，要從父母的「陪伴、身教、引導」三合一，才能真正有效的達到目的。

父母陪得不夠，又沒以身作則，再好的引導也只是紙上談兵。

孩子成長的每一時期陪伴的著重點不大一樣：

一 在**嬰幼兒時期**，父母除了陪伴還是陪伴。

二 **學齡前的孩子**，有著驚人的學習力，從嬰幼兒時期的陪伴中，發掘孩子的特性後，利用父母的身教，多用點心思，運用生活中的事物，以有趣、遊戲的方式，以及讚美鼓勵的力量引導孩子學習，不僅可以提升學習效果，還可以讓學習成為親子間的天倫之樂，也使愉快的經驗成為一輩子回憶。

三 **學齡期的孩子**，各項人格發展、社會道德、人格特質、人生價值觀逐漸發展成熟，此時父母引導學習更要著重在身教。

四 **青春期的孩子**，內心衝突很大，情緒的抒壓很重要。父母輕鬆的陪伴，運用孩子自身的經驗，以及大人自己的身教，用心引導、用感動代替權威命令，適時疏導壓力，從了解接納中讓他適時發洩情緒，協助孩子發展出更積極的互動模式，孩子會更樂於接受與學習，強化、穩固社會道德、人格特質、人生價值觀的建立，也不會有親子關係的對立產生。

任何時期，只要過程對了，孩子與父母都盡心盡力了，不用過分要求孩子的學習成果。

推動搖籃的手就是推動地球的手。

孩子還小時，他們的未來掌握在父母的手裡，就看父母如何的陪。

一切根源，端在父母。從孩子開始問第一句「為什麼」時，父母就要有耐心且慎重面對孩子所有無厘頭的問話，正視孩子所有的問題！

我為什麼要強調父母陪伴的原因？

一來孩子不會因沒自信心、成就感而放棄努力，二來可以得到許多附加價值，創造溫馨的家，平凡的幸福。

依我的經驗，從小父母用心的陪伴孩子，您可以得到許多好處：

1. 了解孩子的先天氣質、學習情形
2. 知道孩子為什麼不會
3. 發現孩子為什麼粗心

4. 幫孩子解惑

5. 增加孩子學習興趣與動力

6. 提高孩子的成就感

7. 建立孩子的自信

8. 可以教學相長，走入孩子的心靈世界

還有最重要的一項：

9. 可以增加親子間的親密關係，享受天倫之樂！

子女的成長帶給父母是甜蜜的負擔；父母的陪伴帶給子女美好的回憶。父母在孩子小時候習慣傾聽他們的抱怨，長大後自然就變成了分享。兒女每天回家第一件事便是和我們分享學校學習的喜怒哀樂，是一個習慣也是自然。

記得有一次，高中晚自習回來的女兒，分享物理課老師教她們拍的立體照片，我們全家聚在一起聽她叨叨絮絮不停的說著。她很開心、很有成就，我和外子及兒子三人雖沒慧根不是很懂，但我們一起感受她的快樂與成就。

整個過程融入了酸、甜、苦、辣、喜、怒、哀、樂，各種情境，聯繫著我們密不可分的親情，共同營造出一個幸福。

這樣的分享持續到現在，兒子上大學了，每天晚上都會跑來我身邊磨蹭，聊一天的心情點滴。

女兒雖遠在台中每天隨時隨地也都用FB聊她發生的大小事，讓我們覺得她好像沒離開這家一樣。

有次，女兒讀了一整天的書，累了，傳一些要背的胺基酸和我聊天話家常。她最後很幽默的說：「好消息是明天的二十個胺基酸已經背完了。壞消息是明天也許就忘了，哈哈！」

弟弟看了反嗆姐姐，他也不遑多讓，報告一堆，寫也寫不完。

女兒說：「要報告我也很多，還有一堆天書要看。」

經由我的傳聲，兩人你來我往唇槍舌戰一番。

家的感覺、家的溫馨！

距離，從來不是我們家的問題。

姐弟倆上大學功課還真多，一個在家、一個在台中，兩個還能吵還能「鬥嘴鼓」，比誰功課多，比誰可憐，真的很溫馨。

陪伴不只是陪孩子課業、成就，這種親子間的親密關係、家庭凝聚力、天倫之樂才是無價之寶。

許多孩子的好習慣態度真的要從小陪伴，等長大建立好了，不做還真不習慣，大人是，孩子也是。

我告訴外子：「我這本書每個大綱大都有「陪」字。我的本意是要告訴父母，孩子自己陪的重要性。」

兒子一聽馬上開玩笑的反應：「那妳這本書會賠。」

我笑著告訴兒子：「我要陳述就是『陪伴』的重要，而且都有獨特方法，只要我的用心能改變一些父母，我就很快樂。」

為什麼我要強調陪伴的重要，因為好的習慣、態度才是孩子人生最大的資產。

然而態度是一種習慣，既然是習慣，時間養成必然不短，無法速食，速成班也代表快速走鐘，因未成型，大人就提早放手了。

成型穩定度和時間長短成正比，所以要從小陪起。

陪，父母真的難為?!

如何為？怎麼為？就差在父母想不想要陪這個態度，這個態度影響著孩子的一輩子！

是要陪？還是賠？

有些父母說沒時間陪伴，將來會賠掉孩子。

剛出版《6歲前，帶住孩子的心》時，接受教育廣播電台CALL OUT訪問。最後一個問題問我：「關於這本書，還有什麼要傳達給聽眾？」

「情緒！好情緒，孩子才能有好的將來。」

這是我上本書中原本要呈現，最後因篇幅太多而沒呈現出來的一個大章節。紐約時報報導，有一個二十歲的兇嫌，先在家裡殺害了父親，再開車到學校，殺害在學校任教的母親，接著再射殺教室中的學童，然後再將槍口對準自己，飲彈自盡。

發生這樣震驚全球的槍擊悲劇，真的很心痛！

類似這樣的社會新聞，重大事情的發生，一定有其脈絡可循，有可能是孩子的情緒障礙、行為障礙，或是其他精神病學上的失調。

而大人居然事前完全不知道，這一定是父母陪伴不夠或方式不對，了解孩子不深，親子關係一定有問題，才沒能及時警覺及阻止。

孩子心中沒愛，甚至只有恨，才會用這麼激烈的手段發洩。

要避免這樣的悲劇產生，就得從情緒培養著手，這就是我強調，孩子要從小陪伴的真正意義。

當今很忙沒有時間的父母，是否要停下腳步，看一看自己的行為，聽一聽孩子的心聲，用心陪伴孩子，可以防止更多類似的悲劇再度發生，讓孩子及自己擁有完整的人生，真正的幸福就在這裡。

用心陪伴孩子、了解孩子，能解決教養上許多問題，避免許多遺憾產生。

父母孩子小時不陪，將來肯定要「賠」。不僅賠時間、賠金錢甚至賠掉親情。樹是少時修，火要小時救。錯過了黃金時期，長大只好花加倍的時間力氣，自己的孩子自己救。

翻轉教育談得沸沸揚揚。

其實再怎麼翻轉，不應該奢求別人先翻轉，要從家庭教育著手，從爸爸、媽媽的心態先翻轉。

是一種對孩子未來能帶著走的能力，「真實」的基本與源頭。

目次

一【陪出好老公】

二【優秀是陪出來的】

三【陪伴遇到的障礙】

四【陪出孩子的好情緒】

五【陪出解決問題的方法】

六【孩子不同，陪伴方式也不同】

七【年紀不同，陪的重點也不同】

1

陪出好老公

媽媽被賦予照顧寶寶的天性，
不代表爸爸無法與孩子進行情感交流。
許多爸爸開始願意參與孩子的成長，
並與媽媽一同分擔育兒責任。

01 好老公是陪出來的！

老公從不喜歡小孩，到親自接送女兒上下學

結婚之初，外子是不喜歡小孩的，我慢慢讓他接觸大哥的女兒，進而喜歡自己的孩子，慢慢的引導他接觸教養，再順勢讓他把教育當事業經營。

這期間，我們經歷權鼎替人做保、借錢給人家又被倒債、親人的無情抽銀根，使得負債雪上加霜。樹倒猢猻散，突然間朋友全不見了。

在這種情境下，我沒和權鼎吵架，不然可能會贏得理字，輸了情字。我不吵不鬧、不離不棄，讓他明白「花開蝶來，花謝蜂去」，在最窮困潦倒的時候，只有我才是真正對他好的人，只有我永遠支持他。

我做到了溫良恭儉讓，和他過的是縮衣節食、「儉腸捏肚」及牛衣對泣的辛苦日子。

兒女約四歲時，正因經濟關係沒讓他們上幼兒園，但我知道教育很重要，隔壁鄰居剛好有同年齡的孩子去功文文教機構學習，我請那位媽媽下次帶我和女兒一起前往，而第一次則由我帶去。

「感化先生、教化孩子。」這八個字看似簡單，做起來很難。難，難在人不會做。「怎麼做？」

回家後思考許久，如果這個接送的工作由外子來帶，或許會比較合適，而且他能參與其中，所以我以人嬌小騎機車載女兒危險為由請外子接送，而我賣力的做生意。

事業心重的他看見我的努力，他也接送得甘之如飴。

孩子一天一天長大，女兒快要上小學了，教育不能等啊！

上天無路，入地無門，日子總是要過，此時我告訴自己要節省開銷，店裡的生意我來顧，孩子的教育全由他操盤，所以我慢慢等待時機。

一肩扛下店務，創造老公成為教養專家

時機要自己創造。心想要他接下重擔前要讓他覺得安心，才能放心的陪孩子。

只有一個辦法證明自己一個人也可以把店裡的生意照顧好，那就是我一肩扛下

店裡的生意。

當時生意還算不錯，一個人要到樓上、地下室找衣服，同時還要接待好幾個客人實在是不簡單，一整天下來幾乎沒休息，而且也沒漏失客戶，對於隨時要充電（休息）的我著實不容易。

剛開始，權鼎看到店裡很多客人會有捨不得走的感受，但外子看到我的賣力及能耐，久了，就能安心放心的接送，陪孩子出去玩。

等女兒上小學了，我見時機成熟，開口要求他接女兒放學，回家全程陪孩子寫功課。

對人性心灰意冷的他，二話不說終於選擇了回家帶孩子、投資孩子，我知道他內心很掙扎，但一定會把孩子帶得很好。

結果他用自己那不服輸的個性把孩子當事業在經營，意外投資了自己，成為教養達人。

雖說權鼎回家陪孩子，但對於兩個孩子的教養我也沒放手，下班回家，我還要檢查孩子學校的回家作業及修改提前的功文作業、評量，訂正錯誤的功課。

我和權鼎有些觀念是南轅北轍的，但棋子要是放對地方就有加分作用，我雖不重分數，但知道分數真的很重要，是媽媽就有心軟的缺點。

這點我要感謝權鼎，因為他很重視分數也夠堅決、夠狠心，所以就順勢的把教育重擔交給他。

就這樣患難與共、同心協力彼此扶持到現在，得到雙贏的局面。

從大男人蛻變為好老公、好爸爸，更是好女婿

多年下來，由於我的感化，他由不懂得憐香惜玉的男人蛻變成一位貼心窩心的好老公、好爸爸。

猶記二十三年前，剛結婚不久，一次外子要送貨給客戶，「順道」送我到林口（龜山）長庚上班，我和貨都在車外，我還沒上車卻下起大雨，結果他不是先開車門讓我進去坐，而是讓我在那邊淋雨，他趕快跑去照顧他的貨以防淋濕。我沒帶傘，他第一時間是保護貨品（他的貨品是不會被淋濕的），卻把我晾在車外。

當時心裡很不是滋味，我竟然比貨品還不如，這就是當時務實的外子，不會憐香惜玉。

二十幾年過了，現在的外子很不一樣囉！他的行為很窩心。

我很怕噪音，只要一點聲音就會受干擾睡不著，連自家冷氣掛在牆上室外機的噪音也不行，為了我，他花了半天時間，自己把室外機移到地面遠離牆壁，減少傳導的噪音。

更誇張的是，他自己買保麗龍在室內室外做密閉隔音，總共花了三天的時間，只為了減除我的噪音之苦。

歲寒知松柏，權鼎不會甜言蜜語，他用行動來疼惜我、呵護我，真的很窩心貼心，很感動。

真情，不用錢買，真心，錢買不到！

我告訴權鼎：「我把你的好寫進書裡面囉！我唸給你聽。」

他聽完自覺不好意思的回：「不過，我又沒這樣。」

「怎麼沒有？要不然，你移室外機及自做隔音牆的行為是什麼？」

「那是我笨！」

「你不笨，你很聰明娶了我。你沒聽過妻子不賢，倒楣百年嗎？」哈哈哈！

生活中我對權鼎完全順著毛摸，就是為了「請君入甕」，讓他做好——好老公、好爸爸、好女婿的角色。

前陣子家母兩個月連續住院三次，各住五至六天，一次脊椎開刀，一次膽囊結石引發膽囊炎需插管引流，一次是膽囊結石而切除膽囊，照理說，應由我這個做女兒的回去照顧，但外子有不同的意見。

假使是我回台南娘家，因為不會開車無法兩邊跑，回去作用不大，而外子留台北沒辦法煮三餐，這樣效益沒有出來，兩邊都沒幫助。

如果對調，外子可以幫娘家處理許多雜事，而且可以每天機動載家父往返醫院（上高速公路到嘉義一趟四十多分鐘的路程），我在台北也可以處理一些公務及料理三餐，這樣兩邊都發揮最大功能。

所以就由外子回娘家住到媽媽出院。

外子放下手邊所有工作，陪伴我父母的行為讓我感覺特幸福！

這種女婿哪裡找？合得來又願意特地撥空。

連續三次立即放下手邊的工作回娘家幫忙，被娘家的鄉親稱讚為「林鳳營最孝順的女婿」。

02 引導出好爸爸

在一次教育廣播電台CALL OUT訪問，主持人問了一個問題：「把兩個孩子培養成這麼優秀，可否和聽友分享教養技巧？」

我斬釘截鐵的回答：「是徐把拔，不是我。徐爸他才是帶孩子高手。」

這是我婚後費盡苦心、絞盡腦汁、設法引導當時不喜歡小孩的權鼎，投入家庭教育一角，最後成為全職爸爸一職。

演出好命，裝出好婚姻

有一位讀者告訴我，她學書中提到的，我對孩子裝窮、裝病、裝累，誘導孩子做家事的方法。

我回答說：「很有效齁？」

「對呀！」

我再告訴她：「三分真，七分演戲。即使被看出破綻，打死都不能承認，要繼續演、繼續裝。人性很善良，都會同情弱者。裝傻、裝弱，這招用在大部分人的身上都適用。」

「那是當然的，我會繼續學妳裝下去。」說完我倆心有戚戚焉的哈哈大笑……。

弱者，相對沒有攻擊性、威脅性，一副很好欺負的樣子，憐憫之心油然而生。

其實這招我首先運用在婚姻家庭中……。

夫妻當中至少有一個傻子。我只是用點小智慧、耐心、大智若愚、欲擒故縱的方法，裝病、裝累，引導與只有國中畢業學歷的先生一起為育兒努力。

孩子和父親的關係若相處不好，當媽媽的要自我反省，這猶如育兒一樣，幫孩子做太多，反而演變為溺愛的結果，導致剝奪他們學習、相處的機會，也剝奪了他們的天倫之樂。

女人的好命掌握在自己的手裡，可以自己創造。

剛開始外子真的不是很喜歡小孩，打從女兒出生，我常利用各種環境自然的情況，讓外子投入養育小孩的行列。

記得女兒帶回來時還小，身體軟趴趴的，洗澡的工作外子不敢做，洗澡、穿衣全由我一手包辦。

等到兒子六個月帶回家時，女兒較大了，我就以怕孩子著涼為由，洗完女兒請外子先幫忙穿衣、吹頭髮，無形中，老公就參與這項洗澡任務。

孩子更大後，剛好一次MC來很不舒服，請老公幫忙洗老大，父女倆邊洗邊玩，就順勢讓老公接手洗澡的行列，一人洗一個。

等女兒自行會穿衣，兒子也大一點了，再因一次身體的不適，故技重施，就這樣，兩個兒女洗澡的工作就落在外子的身上。

所以我很幸福、很好命，也要感謝外子願意參與。

因自身帶有「地中海貧血基因」很容易累，不能做長時間耗體能的工作，中途一定要休息，我也常常利用這點半真半假的事實裝柔弱，將一些帶孩子較耗體能的瑣事讓外子去做。

爸爸是天生的帶孩子高手，放手讓他自己帶小孩

做生意的關係夫妻不能同時放假，所以帶孩子外出遊山玩水的工作就落在外子身上，剛開始外子不知如何陪伴他們，我要權鼎帶他們到附近走走逛逛就好。

起先，台北鐵路還沒地下化時，權鼎常陪孩子去看火車，一回生兩回熟，帶出

心得，愈帶愈遠，從每周的青年公園到每個月的陽明山、小人國、劍湖山、宜蘭童玩、六福村、九族文化村等，全台好山好水，兩個孩子也玩很多。

出書後，外子知此祕密，每次演講都自嘲的說：

「從年輕就自認絕頂聰明的我，想不到被老婆騙了二十年？我裝弱去設計兩個孩子，自己卻也被老婆設計，螳螂捕蟬，黃雀在後，我只能送她四個字：『演得真像！』」

有許多研究報告都指出，由爸爸帶出來的孩子智商更高，將來成就更大，也比較容易成功。

經由我的經驗也證明，爸爸才是帶孩子高手。

牡丹雖好，全仗綠葉扶持。我很佩服自己運用了請君入甕的小心機，也很感謝外子的配合演出，讓姐弟倆在他的帶領下，建立學習的好習慣、好態度，使得他們在國、高中時可以輕鬆學習。

女兒大學也輕鬆的申請到藥學系，到了大二，成績還能全學年第一，大一的兒子也是。

夫妻同心，一家幸福。感謝老公，沒有他的帶領，就沒有我們現在這個幸福快樂的家庭！

03 製造機會給老公

從女兒六個月回家自己帶後，我就引導老公開始抓屎把尿、泡牛奶等育兒雜事，孩子夜半啼哭，他也起來幫忙哄孩子。

甚至有一次女兒哭鬧不停，他半夜抱著女兒出去散步，等女兒睡著了，才能安然入睡。

父母一起陪伴孩子，可建立孩子的自信及探索能力

帶出感情的他日常生活中協助我一些育兒的瑣事，陪孩子做一些遊戲、玩樂，一些充滿能量的活動，如跑步、溜冰、放風箏……，以維持孩子的平衡發展。

總之，再怎麼忙，孩子人生中最重要的第一次，他不曾錯過，這就是親情、就是天倫之樂！

養育大都學習而來，媽媽被賦予照顧寶寶的天性，並不代表爸爸就無法與孩子

進行親密的情感交流。

隨著時代變遷，現代父親跟孩子的互動機會變多，許多爸爸也開始願意參與孩子的成長，並與媽媽一同分擔育兒責任。

其實，只要爸爸參與育兒教養，不僅可滿足內心的成就感，還能得到親子間意想不到的回饋，進而樂在其中。

也有研究顯示，爸爸和幼兒建立良好的依附關係，對孩子自信的建立及對外界的探索大有助益。

在我心中一直認為，父母如果給予足夠的愛，孩子心中有被愛、被需要的感覺，就不會變壞，將來定有自己的一片天。

有時孩子的貼心只是一句話、一個小動作，那可是父母用無限的時間、愛與陪伴，感動孩子內化而來！

媽媽一手包辦育兒大小事，導致父子關係不良

有位朋友是能幹的媽媽，老公一開始明顯的不想參與，她也懶得看人臉色，只要是育兒的大小事都一手包辦，不假他人之手，導致這位爸爸錯過無數跟孩子互相了解的機會。

錯過孩子成長階段，是再也喚不回的！

錯過了第一次寶貝叫爸爸的喜悅、錯過了看寶貝第一次會爬的驕傲、錯過了寶貝人生無數重要的第一次……，錯過了無數第一次累積而成的親情與愛。

結果一雙兒女與父親日漸疏離，一談到爸爸就怕，只要爸爸在家氣氛就不對，親子溝通全藉由媽媽傳話，使得孩子失去了父愛，丈夫失去了天倫之樂，自己常常當夾心餅，身心俱疲！

孩子長大後，這位朋友才知道自己錯了，前陣子她告訴我：「以前不懂得製造機會讓孩子和爸爸相處，導致這樣的結果真是笨！如果早一點聽妳的話，早一點清醒就好了。」

我告訴她：「一切一切的改變都來得及，從零開始，不要再將事情全攬在身上，孩子長大了，如果需要爸爸幫忙，應由自己開口，他們會磨合出感情的。一開始或許困難重重，雙方都不能適應，但這都是學習的一個過程，更何況是親情的培養，應該還給他們應有的天倫之樂了。

一切都是考驗、一切都是好事！這樣想就容易多了！」

朋友還是那句話：「早點清醒聽妳的話就好了，從現在開始，我要改變自己了！」

親愛的媽媽們，不管妳家中孩子現在幾歲，從現在開始，費點心思協助家中的爸爸參與育兒行列絕對是值得的！

有時我們無法保證讓他們的親子關係變得充實，但絕對有能力引導，讓這樣的關係變成可能。

因為一個溫馨的家，會讓爸爸知道努力是為了什麼，他會覺得光是回家看到全家的笑容就很值得！這些都是用金錢無法替代的！

04 拉老公一把

我發覺現代的父親都想當好爸爸，愈來愈多爸爸想加入育兒行列，但總是心有餘力不足，不只是忙，重點是不知如何做起。

獎狀滿牆，維修人員意外取經

兒女就讀高中時，家中的冰箱壞掉了，請家電公司維修人員來維修。

外子說維修人員一進門看到我們家的獎狀牆馬上開口：「哇…，獎狀這麼多？你孩子很優秀喔！」

低調的外子很客氣的說：「沒有啦！」外子不便多說，不然好像在自誇一樣。

這位爸爸邊修邊問徐把拔問題：「你孩子多大了？」

外子還是很低調的回答：「一個高二、一個高三。」外子不想說太多，只希望冰箱能快修好。

這位爸爸不死心繼續問：「啊你孩子讀哪裡？」

「一個中山、一個建中。」

「這麼厲害喔！」

外子回答：「不是孩子厲害，是父母親厲害！」帶出心得到處演講，有職業病的外子有點忍不住想要大鳴大放……。

這位爸爸一直挖、一直問：「你是做什麼行業的？你有出書嗎？你有名片嗎？」

外子實在忍不住了，雞婆性出來忍不住的問他：「你生幾個？現在幾歲？」

「一個四歲的女兒。」

外子一聽可以教育，忍不住開始大鳴大放他的育兒經。

下班回來的我，一進門，心想怎麼我的冰箱沒修卻在談教養？到廚房一看，原來冰箱已經修好了！這位爸爸在向徐把拔取經，於是，我也忍不住參一咖。

從五分鐘開始的陪伴，絕對不可能沒時間

過程中，這位爸爸說自己每天都很忙，回到家十點多，女兒都洗完澡準備睡覺了，根本沒「陪伴」這個觀念，也不知要怎麼陪她？

我跟他說：

「你不知道沒關係，現在開始還來得及！而且你是一個及格的爸爸了，雖然不知道怎麼陪，至少知道想要改變親子關係！

你的敏銳度很高，看到我們家的**獎狀牆**，竟然會向徐把拔挖寶，有些人進來看到獎狀牆，只是哇！哇！兩聲，修完東西就回家了！

你不一樣喔！你不只哇…哇…，還一直挖、挖、挖，至少是個敏銳度高，想要學習如何陪孩子的好爸爸了！」

我繼續對這位爸爸說：

「**陪伴重『質』不重『量』**，你可以每天抽十五分鐘陪她聊天或讀故事繪本給她聽，縱使什麼都沒做，睡前只要好好抱著她十五分鐘，如果真的連十五分鐘也沒有，那從五分鐘開始，只要靜靜的抱著她五分鐘也可以，不相信你今天回家開始，只要五分鐘，妳女兒一定會開心得不得了，看到女兒如此開心，你一天的辛苦都值得了。

不用一個月，慢慢的你會感受到，用任何東西來換，也換不了的天倫之樂。之後，自己就會擠出時間，自動加長陪伴孩子。久了，你就會每天期待與女兒相處的時光。

這是用金錢也換不到的愛。你願意一輩子只當個提款機爸爸嗎？」

「當然不願意，我今天回開始做。謝謝您們！」

比爾．蓋茲的父親：「**孩子行為的好壞不在於管教的鬆或嚴，而是你有沒有參與他的生活（being there）**。」

最後我告訴他：「陪伴！怨『無』不怨『少』。現在你知道方法了，只要有心想陪，一定能擠出時間的，而且會愈擠愈多！加油！」

談到最後，這位爸爸忘了後面還有十一位客戶，他說會到書局買齊我們所有的書，再來請教，心滿意足的回家了！

別人是哇！哇！兩聲就回家了，這位爸爸不只哇…哇…兩聲，他甚至「挖」了二十分鐘，真是敏銳度高、用心的好爸爸。

現在真的有許多爸爸想參與陪伴育兒的行列，只是不知如何陪。

親愛的馬麻們，家中如有不知如何陪的把拔們，請拉家中的老公們一把吧！他們需要妳的引導，就從每天五分鐘開始吧！

孩子每天用企盼的眼神望著爸爸回家，當爸爸的看到了、感受到了，他一天的疲憊就會完全消失不見。

等到有一天，聽見孩子對他說一聲：「爸爸，我愛你！」

我看爸爸的三魂七魄早就被孩子給勾走了，有哪個爸爸下班不想趕快回家？

05 陪出好老公，帶出好寶寶

當個弱者，以夫為天、裝笨、裝傻、欲擒故縱、彼此尊重、不能落井下石，最重要的要做到感動他。

婚前無條件解約借出一百萬，婚後在他人生最低潮，我的不吵不鬧、不離不棄真心感動了他。

這些過往讓他永記至今。

這些事和金錢有關，但我要的不是那些錢，而是人品，人品才是決定一個人成敗的因素。

為鄰居留一盞燈，更點亮孩子內心的那盞燈

外子有許多好人品特質，身教個個足以撼動人心。

小孩自出生到開始認識這個花花世界時，都是非常自我的，完全不會顧及他

人，即便是長大成人的我們也一樣，有時還是免不了有自私的行為。

生活中，我們常常對兒女說：「有量就有福！」不是嘴巴說說而已。

和外子年輕做生意時，工作都做到很晚，常常都是最後一家打烊。

左鄰右舍全打烊了，只剩我們這一家，整條街路上只有一盞燈，整區騎樓一片黑鴉鴉很危險，外子特意在騎樓留一盞夜燈，照亮自己也照亮別人。

有了小孩，搬離那兒，外子特意留下一盞燈給其他路人，在住家二樓樓梯口也是留一盞二十四小時的燈光給鄰居。

女兒小二前，兒女常常在店裡和我們混到打烊，有一次兒子問：「整條街沒有人開燈，我們又沒住這裡，騎樓及樓梯口為何要開燈？浪費電！」

我當時回答他說：「不是因為我們住在這裡才開燈，是要留給其他經過這裡的路人及鄰居照明用的。」

兒子不解的說：「那應該是住在這裡的鄰居要裝設的，怎麼會是我們家？」

我告訴他：「在人與人相處要多為他人著想，生活中不是只有關心自己的事，有時多留意一下，造福別人也造福自己，但每個人的想法與作為都不一樣，我們的做法別人不見得認同，可是**要學會尊重，不要隨便批評別人。施比受更有福，將擁有的奉獻給需要的人，心中自然歡喜快樂。**」

不知小一的兒子聽懂沒？但他回答我：「他們一定怕浪費錢，那你們比較笨，他們知道要省錢。」

這一段對話對當時小一、小二時的兒女，或許聽不懂、無法體會、感觸不深，但我們多年來如一日的行為，姐弟倆看到也漸漸感受到，就能明白當時我的解釋，為他人著想的真諦！

現在兒女在學校懂得分享，不藏私的教同學功課，女兒的筆記也常常不藏私的分享出去，給認識與不認識的同學。

父母的一個小小動作包涵了許多寓意，影響著孩子許多的行為。

「一盞燈」它點亮了我孩子的心燈，教會了孩子做人不要自私、用同理心為他人著想、尊重他人的想法以及分享的快樂。

人生有許多事不是金錢能衡量的，這盞燈點到現在，持續著照亮別人，也持續照亮我們孩子的心燈。

以自身的行為做標準，讓孩子感受更感動

有天晚上兒子問外子：「爸，我們回收箱內的紙，你拿出去回收囉？」

外子：「幹嘛！今天下午才拿出去給回收阿伯。」

兒子大叫一聲：「怎麼會這樣，我要找回收的計算紙。」

找了好一會兒的兒子：「這麼多張，就是找不到我要的那一張。」

外子：「事情往往是這樣上演的，你今天要找，我偏偏把它拿去回收，你要找那張，偏偏就是不見那張，莫非定律。」

兒子突然問外子：「你留我回收的計算紙做什麼？」

外子：「我可以拿來列印要用的資料呀！計算紙是用鉛筆計算，列印可以蓋過你的筆跡，能看就好啦！」

原來，外子每天回收紙箱內的東西會再過濾過，找出能再利用的紙。

不只是節儉，對於節能減碳、紙張資源回收再利用，他可做得淋漓盡致。

徐把拔平日類似的行為很多，在別人的眼中他好像是傻子，但卻感動了兒女，而且對他們的影響很深遠。

讓孩子聽話不是靠父母的威嚴以上壓下，而是以自身的行為讓孩子感動。

久了，**時間會說話，孩子感受得到父母的用心，自然不只聽你的話，還會服你的話，甚至奉為圭臬**，這是用錢買不到的。

身教不是單一行為，父母溫暖的感動，其力滴水穿石，潛移默化的影響孩子，帶住孩子的心。

06 幽默機智的老公

幽默正向的老爸，帶出幸福歡樂的家庭

徐爸的幽默機智是我學不來的，這是他獨有的特質。

有一天早上，徐爸和兒子在同一間書房，他不小心放個響屁。

兒子：「爸，你嘛卡有良心一點啊！（台語）」

徐爸馬上開玩笑的說：「我的良心早就被狗啃掉了！」

兒子無言的笑著。

隔天我在哼陳小雲的名歌最後一句：「你的良心到底在・哪・裡？」

老公：「妳還真閒，在唱山歌？」

徐爸最近寫書壓力大，走來走去，我故意虧他：「你才閒，閒到走來走去？」

「說我閒，妳是有良心嗎？」

「你說你的良心早就被狗咬走了。」

「再被咬回來了，不行嗎？」

兒子馬上反應：「啊！又要出現在臉書了。」

這個主意好，哈哈哈，知母莫若子。

語帶幽默、正向面對的好爸爸！

只要在「正常」家庭環境中長大，有「正常」的親子關係，孩子就擁有正向能量、正確的人生觀、價值觀，這些都是用錢買不到的！

有這樣一位幽默的爸爸，這個家一定是幸福且充滿歡樂的笑聲。

然而，現在大多數的爸爸忙著賺錢，媽媽過分的擔憂子女功課成績及未來工作、婚姻、健康……幾乎無所不擔心。你想，這樣的家庭氣氛，孩子會快樂，功課會好嗎？

老公常常是一家的靈魂人物，掌握了整個家的家庭氣氛，總在關鍵時刻展現父親的愛與智慧、一句幽默的力量，就可能使親子關係扭轉乾坤，是引導子女走上人生正途的重大啟示。

我深深相信，如果每個家都有個幽默的爸爸及快樂的媽媽，就必然會有個幸福的家庭。

我常稱讚他從七歲到七十歲都有辦法侃侃而談，談笑風生，功力真好！

很感謝外子每次回娘家都會對父母老萊娛親，連那平時不愛講話的老爸，都被他逗得不得不和他聊天而哈哈大笑。

我常稱讚外子：「你怎麼那麼厲害，真會講話，什麼都能聊，七歲到七十歲的人你通吃。」

「我沒有學歷、沒有財力，什麼都沒有，就出一張嘴巴來吃飯（演講賺錢），開玩笑？我只是沒走綜藝節目而已，要不然，就沒有豬哥亮了。」

我戲稱他可以反串，演豬母亮。

良好幽默的溝通方式，才有快樂的孩子

徐爸的機智與幽默真的是獨樹一格。

要po文時只問徐爸有「獨樹一格」這個成語嗎？

他馬上反應：「有啊！你不要再稱讚我了，這樣我會歹勢（台語：不好意思）。」問他問題還要拱自己一下才滿意？

我質疑的問：「真的有這句成語？」

「不然咧？難道是陳玉語（兒子國小同學），還是下大雨。」不正面回答，還要消遣我？

有這樣的老公生活一點也不寂寞無聊，天天在家和豬母亮抬槓。

由於外子這個火車頭，使得我們家是開放、可以暢所欲言，是零距離的溝通方式，進而帶出快樂正向的一家。

大一時的兒子責任感超重而有睡眠障礙，不敢亂吃安眠藥睡覺，都是靠自己冥想入睡。

有一周六晚上，熬了有安神作用的中藥給兒子喝，隔天早上還是比姐姐早起。全家人都起床了，女兒繼續睡到近中午，外子虧兒子：「人家沒吃，睡得還比你晚。」兒子：「她不用吃，自己就會分泌安神藥啦！」

中午午睡，外子故意叫女兒睡午覺，女兒喊一聲：「啊！別吵啦！」兒子虧女兒：「反正妳又沒差，睡覺會自動分泌安神藥！醒來會自動分泌咖啡因！」此時看新聞的外子對兒子說：「你偶爾要看些電視節目的笑話來抒壓！」兒子：「他們的笑話又沒我們家的好笑！」

親子間有良好幽默的溝通方式，才可以聽到高品質的內容，了解孩子內心真正的想法。

只要孩子快樂，對社會有交代，不是負面教育，這就是一個成功的陪伴，完全不必有對價關係。這就是我們家「陪伴」的初衷！

07 孩子的大玩偶——爸爸

父子就算吵架，也是種美好回憶

一位媽媽在電話中抱怨的說：「我老公幫孩子洗澡，是父子一起洗，洗到最後父子倆會吵架，所以我就接手幫兒子洗。」

我回答她：「以前的我，可能會跟妳一樣，但現在的我會隨他們去吵，吵架也是溝通的一種，能促進父子間的感情，是另類的天倫之樂、往後的美好回憶，妳可能剝奪了他們製造回憶的機會。」

「可是這樣會洗很久，孩子會感冒。」

我告訴她：「可能會也可能不會，但肯定的是，他們父子之間相處的時間又會更多了！」

每個人看事情的觀點不一樣，僅提供個人的想法，感冒看醫師會好，而且又不一定會感冒，但媽媽剝奪了他們相處的權利。

大人也需要被鼓勵的，現代爸爸都很忙，壓力很大，當爸爸的願意陪孩子一起洗澡，實在是難能可貴，不應該再批評，應加以鼓勵及讚美才對。再說，如果真的感冒了，爸爸有這樣的經歷，他也會心疼寶貝感冒，下次玩耍時會特別注意的。

爸爸親力親為的花時間陪伴、照顧孩子，才能讓爸爸體會到真正的親情，感受到無價的天倫之樂。

我家的外子是孩子的大玩偶，兒時的最佳玩伴，不知道為什麼，外子就是能那麼輕易的回到小小孩的世界，和兒女玩遊戲的聲音總是那麼吵，動不動就跑過來追過去，跟他們一起歡笑，一起無厘頭，令人發昏、抓狂。

孩子的成長中許多事或許不記得，但經過的事情永遠存在於他們潛意識中。這些愛的互動，是孩子的永遠記憶。

我家徐爸親力親為，花時間陪伴、照顧他們的快樂畫面，永遠存在於孩子心中，兒子大二了，到現在睡前父子倆還會在床上打來玩去。

無條件的陪伴，培養出窩心兒女

有次回台南娘家探望兩老，這次弟媳因女兒學跳舞沒法一起回家，弟弟只帶六歲兒子回去。

外甥跟大夥一起去賣場買火鍋料，外甥特別囑咐大嫂：「這個我媽媽愛吃，要買這個給媽媽吃。」

大嫂回答他：「今天媽媽沒回來不用買。」

「可是爸爸也愛吃啊！」

我想弟弟當時聽到這句話的當下，不管以前再怎麼忙、怎麼累、怎麼疲憊，馬上即化為陪伴更大的動力。

你們瞧！一個大班的孩子會這樣替爸爸、媽媽著想，特地要買他們愛吃的食物，是不是很窩心？

在我心中，孩子再怎麼會讀書、有成就，都比不上如此貼心的小孩。

然而這情景不是憑空得來，是父母對孩子真心的愛與關懷而來！

弟弟很忙，每天忙到很晚才下班，外面奔波勞累一整天，回到家累得像條狗，也沒時間教孩子功課，可是一雙子女跟他的感情超好。

因從孩子出生時，他就開始替兒女抓屎把尿、泡牛奶，孩子夜半啼哭他也起來幫忙哄孩子，甚至有時孩子哭鬧不停，他想出一個好辦法，一整夜讓兒子睡在他的「鮪魚肚」上，孩子才安然入睡。

鮪魚肚爸爸，陪出貼心兒子！

良好的親子互動是影響孩子一生的關鍵

小小孩學齡前對分析較無概念，但擅長從他人和自己的互動中，學習並感受到不同喜、怒、哀、樂的反應，建立他們和每個人之間的特殊連結記憶模式。

每一個孩子與爸爸媽媽的相處模式不僅不相同，父親角色，是當媽媽的我們無法取代的。孩子少了與爸爸共處歡樂的回憶，那是再多玩具也彌補不了的，更是一種缺憾。

雖然那缺憾不會影響孩子成長，但要是沒有那缺憾，我們的孩子會成長得更好、更快樂，不是嗎？

親子之間的互動模式，只有靠自己去經營、培養，這是媽媽和爸爸的個別功課，誰也無法幫誰做。而且每一次與孩子的互動，都可能是影響孩子一生的關鍵。

為人妻、為人母的我，也曾經一直認為自己的所做所為都是為老公和孩子好，但事實上如何呢？只有身為當事人的他們自己才能評論！

所以當媽媽的我們，千萬別自以為是的干涉他們之間獨特的互動模式。

08 懂得修正的老公

孩子的學習過程中，父母通常只有單向的指責及要求，卻不肯花時間規劃及輔導，又不跟著孩子成長，也不修正，一直以不適用的傳統觀念來帶孩子，孩子當然覺得痛苦。

破除名校迷思，讓孩子適才適性

社會永遠有名校迷思，也永遠相信分數至上，家長及老師的觀念不改，學生就會永遠這麼累。

十多年前，徐爸也曾是這樣的一個家長。

當時重視分數的他，兒子小學要上資優班，外子是持反對意見的。

我要的不是分數，而是兒子的潛能開發。

要不是適時的諫言及堅持，理性分析上資優班可以開發兒子的潛能，免費又這麼好的訓練機會為什麼要放棄？別人想上還沒資格呢！真是頭殼壞掉！

因怕影響學業成績，徐爸認為國中一定要上名校，孩子小二時，他就開始在找國中學區了。

在孩子國小一、二年級時，兒女問數學題目時，為了節省時間，他直接告訴孩子算式及答案，我批評他扼殺了孩子思考力，無法觸類旁通，與填鴨何異？種種錯誤的觀念，難能可貴的外子，經由我的諫言都能聽得進去，而且他涉獵許多教養書、閱讀無數的書籍，去蕪存菁的修正自己，一路修改到現在還在改。

當時外子聽一位老師說拿市長獎可以免戶口進明星國中，為了上明星國中，他和孩子都很拚命在讀書，但幾年奮鬥下來，兩個孩子拿到市長獎後，他也修正得把握適才適性的大原則，選擇了一個很平凡、離家又近的學校，讓孩子快樂學習。

還好他懂得修正，要不然，兒女今天就少了許多能力！

每位孩子都有其特色，適才適性最重要，也最能把自己專才發揮到淋漓盡致。按照孩子的程度選擇學校，孩子才能有快樂的學習，自信心才不會被擊垮。

這觀念要讓所有人接受還真難，問題就出在家長本身。外子書中曾談到：「破山中之賊，易；破心中之賊，難。」升學主義在家長心中，不就是一個「賊」嗎？但外子他自己破除了！

要做到的確不容易，因為女兒也可能會選錯。**但如希望孩子有思考力、冒險的精神，也為自己決定的事負責，父母就應試著放手，就算失敗也能獲得人生寶貴經驗。**

一路修正的徐爸說起來真的令人感動，因願意給孩子多一些時間、空間，相信孩子、等待孩子，讓他們慢慢學習，找到方向、找到最好的自己，快樂、盡情做自己。

09 爸爸不缺席

父母雙方一起參與成長，才能有健全的孩子

傳統的觀念，男主外、女主內。養育兒女是媽媽的責任，爸爸的角色是負責賺錢養家。依我本身的經驗，只有父母一方的教養會有死角。

雖說女人擁有育兒本能，深深儲存著母性的智慧，在需要時自然會開啟，但教養不能只是媽媽的事。

孩子的成長過程中，除非有不可抗拒的原因，要不然父母雙方都要參與孩子的成長過程。

一般而言，在傳統中的爸爸角色，只是嚴父的綠葉，殊不知父親的角色參與，對孩子日後的各項發展，佔著舉足輕重且是媽媽不可替代的地位。

兒子國一時，要不是外子的一句話：「我小時候也是這樣。」我可能這輩子永遠不了解兒子。

也永遠不明白為何他老是脫線，加上令人抓狂的調皮、說東往西。不明白為什麼一件事我要交代好幾次，甚至當面說了他都無法聽進去；不明白明明我說不行，他卻偏偏故意去做；不明白……，對兒子，以前我真的有許多不明白。

國一前，我用自己過往的經驗，揣摩兒子的行為，最後發現原來錯的是我，要不是外子，我到現在可能還不明白，永遠認為他就是故意如此。

還好有外子參與提醒，有些事兒子不用在我的不明白當中，辛苦的自行摸索、學習，甚至扼殺了他的潛能。

孩子的成長不能重來，「知子莫若父」，說得一點都沒錯，父親角色有其一定的重要地位，缺席不可。

父母教養需互補且不缺席，才能互相體諒與了解

有一句話：「一個好爸爸勝過十個好媽媽。」這句話說得非常貼切，爸爸陪出來的孩子，成就大部分比媽媽高。

我們家兩個寶貝如果全由我帶，他們不會差到哪裡去，但肯定沒目前成果。

爸爸千萬不能缺席，要不然當媽媽的真的很辛苦，這是我的真心話！

有些媽媽真的很無奈，爸爸沒參與卻強行外行領導內行，潑媽媽辛苦的冷水、

扯媽媽的後腿。聽到許多爸爸都用自己的成長經驗：

「以前不管再多努力，功課都上不來！孩子若功課不行就不要逼了。」

「書哪需要這樣讀？以前我沒這樣，還不是大學畢業？」來反駁用心教養的媽媽，很無奈也很無力感。

這些爸爸們忘了，他的成長經驗，並不代表孩子們也會和他一樣。

教養是一條辛苦又不能馬上得到成就感的路，媽媽們遇到這種挫折，堅持下去就對了，套句徐把拔的話：「跌倒了再站起來，只要站起來的次數比跌倒多一次，你就成功了。」

人家說：「換個職位換個腦袋。」如果引導扯後腿的爸爸親自投入，說不定會更瘋狂。我家徐爸是最好的證明。（瘋狂加走火入魔）

感謝外子的參與，能了解媽媽的辛苦，讓教養沒缺角，媽媽快樂、孩子快樂，爸爸更快樂，更是全家的幸福泉源，這條路爸爸不能缺席，不然一定缺一角，那一角叫做「死角」。沒有爸爸的支持又扯後腿，這個「死角」是媽媽最無奈的地方。

爸爸不能缺席，父母的觀念不盡然相同，興趣無法相同、教法也不必然相同，但大方向一定要一致，互相尊重、互相包容、互相學習，不要淪為一言堂，教養才不會有死角，這就是互補及爸爸不能缺席的重要性。

10
「怨無不怨少」的陪

孩子的成長過程中，爸爸的陪伴，「怨無不怨少」。

陪出孩子的感動，有愛的孩子不會變壞

「夜班族」爸爸、「上班族」爸爸、「勞動族」爸爸、「應酬族」爸爸、「全職奶爸」等，這些「父親」不論在孩子成長過程中是出席還是缺席，「爸爸」在我們生命中都扮演著重要的角色。

每天早上女兒要趕校車到學校，外子騎車送女兒到公車站，外子不會將女兒載到公車站就馬上走人，一定等女兒安全上車後才離開，這動作深植女兒心坎裡。

有次送女兒趕公車的外子，比平常時間慢回來，我問：「怎麼這麼慢？」外子：「今天公車比較慢來，而且我在觀察一位很用心的爸爸，不只等他女兒上車而已，還目送公車緩緩起動後，看不見公車才走。」

我說：「你怎麼知道？」

外子：「因為好奇，觀察很久，他每天都是這樣，所以都是等他走後，我才回來。」

晚上回來我和兒女分享，這位爸爸的行為。

女兒虧外子：「人家是每天目送女兒，你卻是每天目送她爸爸。」

我利用情境不著痕跡的告訴兒女：「相信這位爸爸的女兒如果知道此景，一定非常感動。」

女兒：「不用想也知道，她一定很感動好不好。」女兒這句話也道出她心中對外子的感動。

這位爸爸，即便是他一天只陪這一小段路程的時間，其背影令人為之動容。

這種陪伴不只是陪，而是陪到感動。

大時代演變下，還是有許多爸爸，用他們獨特的方式，陪孩子陪到感動的。

陪伴的方式有許多，有愛的孩子不會變壞！

只要用心陪伴，就是一百分的爸爸

凡事只要拿捏好，不要過多或不及，父母堅持且持之以恆，孩子能力是父母陪出來的。

徐爸書中〈汐止來的小孩〉，每當寒、暑假必定抽空來看看我們夫妻倆，要他不要浪費時間，留著讀書，還是不聽話、堅持過來探望我們，令人感到窩心，真是個懂事的小孩。

但許多人有所不知，他背後其實是有一位辛苦備至的偉大父親。他是〈汐止來的小孩〉的單親爸爸，上有老母要奉養，下有一對尚幼的稚兒嗷嗷待哺。

每天眼睛一張開，面對很現實的柴、米、油、鹽、醬、醋、茶，忙著賺錢養家，對於孩子的課業，心有餘力不足。

但只要他母親身體不適一定事必躬親，非常孝順而且有廣大的胸襟對朋友盡信、盡義。

很忙但用心！身兼數職的他沒時間親自教孩子，但卻很用心安排、規劃孩子學習機會、環境。

更懂得找到適合孩子的讀書環境。

在他兒子小五升小六時的暑假，學校對面就是補習班，他不要。

他要兒子每周三、六，遠從汐止坐火車來萬華我家學習英文、數學。

腳程、車程加等車時間，來回近二個鐘頭。

有時回家很晚了，爸爸也等他進門準備點心，讓他感受到父親滿滿的愛，彌補沒母親的這一角。

家中變成安樂窩，讓兒子回家足以安心讀書，累了可以安心休息，後來考上警察大學。

「汐止來的小孩」當選學校一〇三年優秀青年代表，接受總統召見表揚，全家都以他為榮，高齡的祖母開心得不得了，我這個當阿姨的也與有榮焉。

忙和用心是兩回事，「汐止來的小孩」的父親，他做到了。

只要父母有心，給孩子足夠的愛，就能潛移默化滲透到孩子的人格當中。

爸爸們不要藉口忙、沒時間，「怨無不怨少」只要用心將愛傳達到子女的心底，願意陪孩子的爸爸就是好爸爸。

有心的爸爸並不需要花很多的時間，那怕一天只有短短的幾分鐘，只要讓孩子感受到爸爸的用心，就是一百分的爸爸。

2

優秀是陪出來的

如果父母願意從小陪孩子，參與讀書、寫功課，
瓶頸馬上就能得到解決，
孩子問題愈來愈少、分數也愈來愈提高，
就會願意且有動力學習。

01 就是這種陪的精神

教養要父母、孩子，全家一起動起來，尤其是爸爸更要動起來。

就是這種陪的精神！

把爸爸拉近教養圈，才能如虎添翼

一位媽媽告訴我：「這兩天小孩考試，大人不知在忙什麼，好像我要考試，每一單元我都複習到熟了，小孩不知道有沒有我熟。

哈哈，最近才拉著爸爸進入陪讀行列，就是爸爸教姐姐。

爸爸說你們的複習方法有效，姐姐自然進步了，考九十六分。

我只能無言，因為我之前試了很多方法，效果不佳還要繼續學啦！

要努力的向您們看齊，謝謝有您們的範本可看齊。」

這位媽媽學到了我的訣竅喔！把爸爸拉了進來。

《6歲前，帶住孩子的心》一書我就鼓勵媽媽們，**要當個聰明媽媽，把爸爸引導進入教養行列，少了另一半扯後腿，多了一個人的力量，阻力變助力如虎添翼，這樣不僅媽媽比較輕鬆而且效果加強好幾倍**。

如今我不但做到了，而且得到的更多。我的成果很滿意喔！引導出一位教養專家及一對態度絕佳的兒女。

徐爸在臉書po文：

「許多新手爸媽不了解，無危機意識，無法感受到提前的好處，錯過黃金時期，很可惜，日後不是放棄就是加倍的累，大人是，孩子也是。

我們孩子提前有什麼優點？只要做確實的話，出幾分力就可得幾%成果。

- 國小：存時間在國高中睡覺，自信、態度習慣訓練及養成，有目標，不玩瘋、不必上安親班。
- 國中：自主學習，功課輕鬆，有能力免修，免補習，有覺睡，有機會「真」免試上理想高中，領獎學金。

- 高中：免補習，有能力免修，有覺睡，有能力選文或理組，有能力選擇好學校或興趣科系，有好多競賽機會、升學管道。
- 大學：態度、習慣穩定進入軌道，有時間打工學經驗，可雙主修，有出國機會，有能力學自己真正想學的，不當之一，是唯一！

我以前是一個非常傳統的爸爸，認為能賺錢養家很了不起了，哪懂得孩子原來需要教育？又哪懂得原來課業要提前？

就因為太太的一個動作改變了我，讓我知道提前的觀念，讓我體驗到提前的成就感，不然今日徐爸什麼都不是！

什麼動作？她十七年前帶女兒進入功文文教機構學國、英、數，啟發了我兩個孩子的提前之路，功課、態度、習慣全上來。

所以，我很感恩沒她就沒我，更沒我兩個小蘿蔔頭今天這麼快樂，這麼真！

行百里路半九十，這要時間，至少陪十年。」

用好智慧，引導出好老公

哈哈哈，在我們家，許多事徐媽媽我是「先知」，徐把拔是「後覺」。

徐爸會當超級奶爸是因為我的設計，能當暢銷書作者也是因為我的敲邊鼓。

在家我往往只出一張嘴，像我知道執行力沒有徐爸強，所以凡事我先起頭，再由徐爸接手，接著他就把它給發揚光大！

我也就能蹺腳撚鬍鬚了！（台語：ㄑㄧㄠ—ㄎㄚ—ㄌㄧㄢ—ㄑㄩˋ—ㄑㄩㄡ）坐著享福。

每個人遇見我，都稱羨我這麼好命，嫁了一個好老公，我只能微笑以對。

內心除了滿足以外，我更想告訴她們的是：

「是我用智慧把他『引導』得這麼好！」

在家裡，他負責「教」資優兒，我負責引導徐爸一起「陪」伴孩子。

當然，他確實有許多很可貴的特質，才能成為今天的徐爸，如果你們問他，他也絕不會承認是受我潛移默化的。

別羨慕我的好命，只要用心經營，絕對可以營造出自己夢想的家，一個比我更幸福、更美滿、也更溫暖的家。

02 從小「陪」養孩子讀書習慣、態度

永遠有下一張的最後一張獎狀＝認真負責的態度

記得去年初某天，兒子笑嘻嘻的拿出獎狀：「媽，這張獎狀是我台大的第一張，也是唯一的一張。」

十二月開學沒多久，他又拿一張獎狀回來：「這是我在台大的最後一張獎狀，大一時，我是為了要雙主修，所以還有在顧功課，現在想做我自己想做的事了。」他每次都要預告一下這是最後一張，雖然嘴巴這麼說，但知道他還是會放不下，是個性也是態度使然！

這是他在台大的第二張，大一全學年平均是全班第一，也因此得到雙主修的機會，大二起物理雙修財金，理科跨文科。

為了鼓勵讀者朋友們，想和大家分享這個好消息，在大二上的某一天早上，我問兒子：「我可以把你的獎狀PO出去嗎？」

「不要，這一張獎狀不代表什麼，不要PO出來。」

「不要就不要，但它代表我們『陪伴』的成果，只是想鼓勵媽媽們陪伴這條路很辛苦，但最後成果會是甜美的，而且又不是要講成績。」

過了一會兒，兒子說：「妳要PO可以，最後不要有人傳話到我耳朵來就好。」

既然兒子答應了，我就不客氣了。呵呵，最後一張？四學期了拿四張！

兒子大一時，要參加社團，還自己找家教個案，每星期四、六、日還要當家教，超忙的，幾乎沒時間讀書。

這一年，他自己的學費自己賺，已不必花我們父母的錢了，也盡心盡力的輔導對方考上台大，在這樣的環境下，他竟然仍拿到全學年第一名。

女兒也不遑多讓，全學年平均也是第一，他們是我的驕傲。

這是我們辛苦陪來的。但，是甜美的！

兒子上大學後，我就一直告訴他：「大學了多參加社團拓展能力，成績all pass就好。」

他回我：「我知道要放下成績，但就是放不下，可能習慣了吧！」

兒子不是重視成績，而是放不下對自己負責任的態度！他要的是心中的踏實。

他前天告訴我：「我今天看的書不是明天要考的。」他考試幾乎都這樣。

我反問他：「那你在讀什麼？」

「跟這學期學分無關的書。」

兒子讀書不是為了考試，而是他自己想要得到知識。

任何習慣、態度都需要時間的養成及父母的續航力，我們陪了十年，孩子才慢慢定型，由於續航力夠，孩子的穩定度超強，再十年後，他們不認真做還不習慣。

沒人天生愛讀書，而是陪出好習慣和積極態度

有一天和兒子聊天，我告訴他有讀者反應：「您的孩子有幸，喜好及天賦剛好在學科內，可以兩者兼顧，但我的孩子剛好一半一半……。」

兒子的回答最真：「**人沒有天生就喜歡讀書，沒那麼好的事，有也是很少，大多數會喜歡讀書，是因為父母的陪伴讓我在讀書方面有成就感，才會喜歡的。**」

這就是我強調的學習動力，來自創造孩子的成就感及自己想要的力量，是最好的方法。

哈哈，不是我們有幸，是我們很積極陪孩子。我們家的孩子沒有任何才藝天賦，所以我們只能積極的在基本功——習慣、態度下功夫！

我們用的方法是營造他們的成就感，而當學生的成就感來自於分數，所以跟分

數也脫不了關係。

許多人說「成績不代表一切」是斷章取義的說法，是不對的。應該是認真努力的態度出來了，才有資格說這句話，沒態度的人是沒資格說的。

如同分數到底重不重要？這應該是孩子基本態度建立完整，才能說的一句話。

分數到底重不重要？我只能說孩子基本態度尚未建立好之前很重要！

我們接受並灌輸孩子，**只要自己不斷在學習，分數真的不重要，但前提是一定要有基本態度。**

一天寒流晚上十點多，女兒從台中回到家：「我昨晚十一點睡，兩點起來讀書，好冷！結果今天考爆了！」

外子開玩笑回她：「那妳乾脆睡覺算了！」

認真的她不服氣的回：「熬夜都考成這樣，不讀不就在看天書，更慘！」

孩子從小建立好自我負責的習慣，長大要他放棄，他們也會很認真看待。

許多基本態度、人格特質，我們的孩子還是持續在建立當中。

尤其是**從小培養孩子喜愛讀書的習慣、態度，別讓孩子覺得讀書是苦差事。**

03 會讀是陪出來的！

要培養好孩子，就要陪出讀書的好習慣

「會讀就會讀，不用這樣陪？」這是許多父母的論點，對，也不對，這只適用於少數的資優生。

去年一個星期日，一位來我們家上六小時輔導課的媽媽說：

「很早就接觸你們的書，看了之後，覺得天啊！書有必要這樣讀嗎？因為當時孩子的成績隨便考就很好，所以認為孩子讀書沒必要這樣陪。

但等到上了國中，很快的馬上豬羊變色，讀書變成一件不簡單的事，每天被時間追著跑，也不見成績有起色。孩子更是早早八點半就準備睡覺，九點就睡著了。

平時不讀書，每次考試臨時抱佛腳、脾氣大。考試出來其他科還可以抱佛腳，但數學題目寫不完，加上粗心，所以分數只能拿七十幾分。」

一聽就知是個小學靠孩子的天分拿高分，國中了，讀書時間規劃不好、練習不

夠而失分，對自己沒信心。

我問孩子：「為什麼不晚睡一些，把時間拿來練習數學題目，藉以提高分數、名次？」

他很誠實的說：「因為那太遙遠了！」

又是一個沒成就感因而放棄努力的孩子。

他來我們家六小時，我以徐爸的短程，用我的方式陪數學，當場他並不排斥，而且算得很起勁呢！

回家後，繼續用我教的方式學習，有天我很開心，孩子媽媽打電話告訴我：「兒子非常有信心的告訴我，今天數學要考滿分。」

我告訴這位媽媽：「孩子考試出來可能有落差，此時情緒比成績重要，告訴他過程對了就好，有時考試老師會出比較難的題目，只要平時參考書及練習題做落實，而且不會就問到會。如果考出來的題型沒算過，錯了也沒關係，我們學會就好，保有學習熱忱和興趣最重要。」

數學是他兒子的罩門，來我們家一趟便增加他對數學的信心及學習興趣。

很多時候，是我們大人幫孩子設限孩子不會，他真的永遠都不會了！

學習是人的本能而且是有潛能的，不要讓我們自己被框架設限住了！

孩子會讀書大多數是陪出來的！

孩子不是不願讀書，是因為累積太多不會，而不想讀。

陪出孩子的成就感，他們就會願意且主動學習

成就感也是陪出來的！

如果父母願意從小陪孩子參與讀書、寫功課，瓶頸馬上就能得到解決，孩子問題愈來愈少、分數也愈來愈提高，我相信孩子們他們是很願意而且有動力學習的！

孩子會不想讀書、會沒成就感，是父母造成的！

如果你有陪，就能了解孩子為什麼不想讀書、為什麼會沒成就感了！

有一件事我很納悶，為什麼許多父母在孩子小時很有耐心陪他們讀繪本、故事書，等到開始真正學習的時候，這時的孩子更需要父母多方面的幫忙時，父母卻選擇放手。

說什麼書沒必要這樣讀，孩子不需要這樣陪，那請問，當初唸故事書給孩子聽時，大人為什麼能這麼有耐心這樣陪？

學齡前一樣在陪，為什麼學齡後的孩子更需要父母耐心引導學習時，父母卻選擇了不用這樣陪？

而且還幫自己找好理由，功課是孩子的責任，沒錯！我也一直強調**讀書是孩子們自己的責任，但養成孩子會主動讀書的習慣是父母的責任啊！**

當孩子尚未養成習慣時，父母就放手，是在害他而不是愛他。

不要再用孩子會讀就會讀、不會讀就不會讀來替自己找藉口了！

如果陪了，孩子還是不會讀書，那我接受，因為那是少數個例，父母對這種孩子要花更多的時間陪他，這才是真正的愛他啊！

耐心與堅持是教養、陪伴的成功法則

大多數孩子是需要父母提攜的！就如同我的女兒一樣！

女兒國小能拿市長獎是父母一路陪伴的結果，營造出她的成就感。

成就感出來，國中市長獎是靠她自己努力及對任何事不放棄的態度。

（不管任何）科目只要是學習，她都以認真的態度面對，就算是當班長、小老師，音樂、美術、體育等，都一樣。

高中的市長獎是「老天給的市長獎」，不是不勞而獲，而是匯集各方能力、習慣、態度，被學校老師肯定所給的「特殊市長獎」。

到了大學了，第一名好像沒那麼重要了吧？應該多多參與社團，女兒不但活躍於社團甚至當幹部，而且還拿好多次第一卷姐。

我這樣陪，我的十年換來孩子一個主動負責的人生！

各位父母，您要認真陪孩子前十年還是要擔心往後的數十年？

孩子沒有會不會讀，只有父母願不願陪。

從小陪他們參與讀書、寫功課，是建立孩子讀書習慣的最佳途徑。

有天睡前和兒子聊天。

長大的兒子，當家教他的心得是：

「原來孩子讀書、寫功課是需要大人陪，需要大人盯的！他們不會自動自發。」

「對呀！你小時候還不是一樣，要我們陪，要我們盯。」

「應該要陪到國中吧！我大約國三才自動自發。」

「因人而異！姐姐小六就開始了，你比較慢。」

兒子未滿二十歲小小年紀，大大的感觸，希望能破除家長心中的疑慮。

孩子是要父母長時間的陪伴，才能養成讀書的好習慣。

教養陪伴沒有特效藥，只有耐心與堅持。

為了回報各位的支持鼓勵，我會用同樣的耐心與堅持繼續分享，陪伴大家一起走過育兒之路。

陪出孩子的主動

04

讓孩子了解當學生的本分，陪出主動讀書的習慣

愛之適足以害之！從小沒幫孩子建立好讀書習慣，到了長大才要求孩子讀書，對孩子來說是一件苦差事，他會覺得很痛苦的。

相反的，**若能從小幫孩子建立好讀書習慣，長大便會覺得讀書是一件很平常、很快樂的事。**

別讓孩子覺得讀書是一件苦差事。

人生本就苦樂參半，做人要盡本分。

是人都喜歡往舒適的一方靠攏，從小讓孩子明白自身的責任很重要。

當學生的本分就是讀書，如果覺得學習很苦，那出社會做人的本分更是辛苦。

有一個問題許多父母在問：「我們家小孩非常被動，很羨慕你們的孩子如此主動，怎樣才能讓孩子主動？」

當我的答案是「我們的十年換來孩子一個主動」時，

「要這麼久？」

「這麼辛苦！」

「來得及嗎？」

「我不知怎麼陪？」

「孩子長大了，不會讓我陪。」

……各種理由都有。

孩子能主動不是一天兩天的事，而是一年兩年甚至十年，一定要經歷陪的時間，無人可例外時，他們卻是望之怯步。

每個父母看到別人成果的同時，最急迫知道的是怎樣才能使自己的孩子像別人一樣優秀！

陪伴孩子，只要態度對了，永不嫌晚

擔心來不來得及？

陪伴如果父母也沒態度，那肯定來不及！

欲速則不達。**如果父母遇到一些不如預期結果，只想立刻找到解決的答案，而**

不是陪孩子一起面對和學習，要結果不要辛苦的過程，這樣神仙也幫不上忙。

父母缺乏快樂陪伴的動機和目標，陪伴起來當然很辛苦。

自己不想改變，卻把所有問題都推給孩子，孩子怎麼可能會改變？

其實這跟孩子不想讀書，只想玩樂是一樣的！孩子所有的問題，都是父母的縮影！孩子會複製我們的態度。

因彼此沒有共同學習成長的經驗，父母不曾把孩子當做一回事，孩子將來也不會看重父母的想法和感受。

每次開學，有許多父母在問這個問題：「你們怎樣才讓孩子能自己主動？」

世上沒有不勞而獲的事，我的答案始終一樣：「從現在開始陪，往後算十年。在這過程中一定要有堅持的態度！」

對於日常生活中訂定的種種原則，一定要貫徹到底，儘管過程中有時難免會碰到我們忙、趕時間、心浮氣躁、情緒不佳、無奈的時候，但千萬要提醒自己要堅持，不放棄。

十年磨一劍。我們家的孩子們之所以會主動，沒有特效藥，是經由長時間的陪伴，透過每一次的堅持，讓他們明白大人的立場絕不動搖。

經由陪伴、透過堅持，我們幫助孩子培養健全的人格、建立良好的生活習慣，

將來才能成為一個有用的人貢獻於社會，至少不會為害他人。

接了十年，去年有一通比較特別的讀者電話，史上第一遭。

一位媽媽在十年前就買到徐爸的第一本書，在部落格再次看到徐爸的演講，終於打電話求救。

這位媽媽開口就問：「我的孩子國一了，叫都叫不動，怎麼辦？」

我一聽「叫都叫不動」，連「被動」都沒有，一樣的十年，我們換來孩子的主動，她的孩子卻叫不動？

差別在**我們用對方法陪伴孩子，而且肯陪、用心陪、堅持的陪！**

我問她：「有看完徐爸所有的書嗎？」

「沒有，只有十年前看《我這樣教出資優兒》這一本。」

每一通電話，每個孩子我都不放棄，還是老話一句：

「從現在開始重新的陪，有耐心的陪，陪到孩子感動的那天，要改變需約五到十年，要走下去的路很艱辛、很遠很累，但如果不走，妳會後悔。」

至於如何陪，方法都在徐爸的整套及我的書中。書中分享的不只是觀念，還有我們寶貝的經驗方法。

讓我們的陪伴，大手牽著小手堅持的繼續走下去。

05 如何陪，才能讓小孩認真讀書？

許多焦急的媽媽都明確的問我：「可不可以告訴我方法，如何才能讓小孩認真讀書？」

不同個性有不同陪法，父母不用太擔心

如何讓孩子用功讀書很重要，答案很簡單，就是陪出孩子的「成就感」、「自信心」。

更重要的是陪的這十年過程！

親子間的互動，堅持的態度與耐心陪伴過程，是無人能取代以及給答案的！

願意陪的父母其實不必太擔心，陪伴沒有一定的準則，每個孩子都不一樣，我們家同父母的兩個都南轅北轍了，更何況是來自不同家庭的小孩？

有讀者問我：「徐媽，我家這兩隻個性南轅北轍，姐姐七歲，弟弟四歲，單陪一個，我很有把握，兩個一起陪的話常什麼都做不好。不知您有什麼建議？」

「我們家也是南轅北轍，先建立自己的權威，『權威』不是威嚴，是自己說話的說服力，包括身教、做人處事的原則等。功課一個一個分開陪，陪一個時，另一個做自己的事，但就是不能吵到您陪孩子的時間。」

想要孩子認真讀書，從孩子小時，父母**花時間耐心的陪伴，和孩子相處、鼓勵、堅持是必要的條件，而讓孩子擁有「成就感」、「自信心」，就會有連綿不斷的學習動力，可以發揮無限潛能。**

用對方法陪伴，只要盡力就是滿分

我護專同學的孩子在小五暑假才接觸到我們的書，打電話問我如何陪孩子，我建議她先看我們所有的書，不懂再打電話。她很積極買足了我們的書，還建議服務的學校邀請徐爸演講。

同學看完書後，馬上執行書中的方法，再次打電話問，我一一解她的惑。

半年後，她告訴我：「的確，自信心、成就感是學習的動力！兒子上了功文及運用徐爸書中的長中短程學習法，還有同學妳教的武林祕笈——『錯題本』，成績穩定進步中，謝謝！」

「錯題本」就是把孩子平時寫作業、評量、老師小考錯的部分收集起來。大考前再次拿出來複習一次，加深正確觀念。

用對方法及耐心陪伴，時間是可以改變一切的！

建立孩子主動讀書的最佳途徑是，父母從小陪伴參與他們讀書、寫功課。自信心上來成就感也跟著上來，是學習的動力！大人小孩都是。

我們的書可以參考，不必完全複製，但有一件事肯定是相同的，就是每個孩子的成長過程中，都需要父母花時間和孩子相處，給孩子適當的愛。

分數和認真有時不能成正比，盡力就是滿分。

我們無法掌握孩子的成就，當父母的我們盡力就好，但孩子的健康快樂，我們絕對可以努力使他們更好。

「盡信書，不如無書。」

別人的經驗是一回事，自己個別的實際狀況又是另一個層面，而其中的甘苦就藏在「陪」裡面，靠自己去挖掘。

06「陪」養孩子的責任感

培養孩子的責任感，最好讓他們自身體驗

有責任感的人不會在失敗或犯錯時，把責任推到別人頭上。幼小的孩子對於「責任」是很抽象的，只能從身邊的家人、家務、學校、課業著手。

只有將責任交付孩子，讓他們自身體驗，才能學會何謂責任感。有些父母因忙，為了節省時間，常幫孩子代勞，無形中卻剝奪了孩子學習的最佳良機。給予孩子嘗試學習，可以讓他們從中獲得經驗，學習處事能力、面對困難與挫折的勇氣，建立獨有的人格特質。

從孩子小時，我就開始鋪設孩子人生價值觀及責任感的訓練，**從生活中讓孩子知道享有權利的同時也要負起相對的責任。**

例如：兒女一歲時，開始讓他們練習握住杯子喝水，兩歲開始學習自行用餐，三歲自己的玩具自己收，四歲自行穿衣、穿鞋、慢慢練習繫鞋帶，五歲的女兒則開始學握筆。

大人有耐心的讓孩子完成這些生活自理能力，不僅能刺激生理動作發展，而且能從生活中漸漸讓孩子明白，做好自己的事是自己的責任。

兒女開始握筆學習時，更加強他們「完成自己分內的事」是一種責任。開始灌輸讀書、寫作業也是他們責任的一種，並說清楚、講明白，能力最重要，但讀書能使人增加能力，輕鬆工作。

義務教育完成，不讀書也可以，人生有許多經驗及能力是在社會中謀得，但如果選擇不讀書的隔天起，請自己養活自己，靠自己的勞力，只要不是不正當、來路不明的錢都可以賺。賣口香糖、資源回收等，職業不分貴賤，只要賺正當的錢養活自己都可以。

自己想要怎樣的人生，輕鬆工作或做苦工，讓他們自己選擇、自己做決定，能培養獨立性，懂得思考並有自己的見解和主張，學會為自己負責，進而為周遭人、事、物負責任。

讓孩子自我學習對自己的功課負責任，不是大人完全放手不管。孩子學習之初，父母的鼓勵、讚美、耐心引導及陪伴是不二法門。

建立責任感的過程，因孩子天生氣質而有差異

責任感是人生整個過程中必備的特質，是孩子邁向成功至為關鍵的一部分。

建立的過程中，每個孩子又因先天氣質的不同而有所差別，就像我們家姊弟倆，女兒是乖乖牌，從國小就完成對責任感的態度建立；國中時，脫線的兒子不是沒有責任感，而是自我意識太強，還在摸索訓練中。高中時期的兒子對自己的事雖脫線，但對團體事務是非常有責任感的。

高二上學期開學，兒子背著筆電到學校，準備開始奮鬥。

有一天放學回來，我問兒子：「爸爸交代成績單副本要蓋學校的章，才能申請獎學金，蓋了沒？」

兒子：「我一整天忙班務，忙到自己的事都沒做了，還有時間做這不重要的事嗎？」

接著，看到平時不開機的兒子手機開著，我問兒子：「你手機怎麼沒關機，你不是都一直關機狀態嗎？」

兒子：「這學期當班長不能關機，以防有事找我。」

大學了，兒子寒假還有作業，他邊看書邊碎碎唸：「都大學了，居然還有國文寒假作業。」

嘴巴雖碎碎唸，但他現在作風卻很務實，還乖乖閱讀文章並寫報告，有兩個書單可以挑選，他挑的文章是要閱讀八本的《倚天屠龍記》，而不是只要單一本的《亞細亞的孤兒》。

長大了！不再前面看看、中間翻翻、後面瞧瞧就開始敷衍了事的交作業，而是逐字逐句的看完，認真寫完三、四千個字的報告，為自己人生負責任。

大學的兒子責任感超重，凡事認真負責！

他當家教壓力超大，上課前認真備課，上課時認真教學，每次只要當天尚未教完的課程，就算家教時間到了，他一定延長時間把課程教完。

有時還要當對方親子間溝通的橋梁。

有次，回到家還超時一個多小時，我都戲稱他要教人家當博「士」，自己卻當博「土」。

姐弟兩人的作風雖殊途但同歸，都走在為自己人生負責任的路上。

孩子的成長過程環環相扣，只要一個環節出差錯就有可能事倍功半，父母要有足夠的耐心，不要因怕麻煩而想要凡事自己動手比較快，欲速則不達，事前的辛苦總比事後的痛苦好。

父母愈早下功夫陪，他長大後依賴你的機會就愈少。

07 陪到何時才能放手？

陪到自己滿意，就可以放心放手

一位媽媽打電話問我：「雙胞胎的姐姐讀雄女，弟弟讀雄中，同一個家庭長大的，為什麼一個很主動、一個要我盯很緊？

姐姐考上雄女後，我就放手不管她，怎知一放手，功課在全班排名倒數。國中前只要我有幫她，功課一定上來。

現在高中了，難道我還要像國中那樣陪嗎？現在還陪覺得很累、不甘願，有必要如此陪嗎？不陪，又覺得不甘心！」

「陪」覺得很累、不甘願；「不陪」，輸人又不甘心！

陪孩子真的很累，比上班還累，陪久了心會累。

很多父母在問這個問題：「孩子要陪到幾歲，父母才能放手呢？」

這跟幾歲無關，跟放手無關，跟陪伴、支持與關心有關。

說真話，陪伴這條路很不好走，我們一路上也走得跌跌撞撞、坎坎坷坷的！

重點不是幾歲放手，而是扶正後，孩子能主動，妳滿意了，任何年齡都能放手。

我們孩子的讀書習慣、態度出來，功課在國中時，就慢慢分階段放手了。

但我一直強調**品行及情緒不能放手，我們現在還在陪。**

功課、成績可以放手，但健康、品德和情緒要長久相陪

有次我和女兒的對話，如果陪到這樣就能安心放手了。

晚上十一點，我用臉書問女兒：「這麼晚還沒睡？」

「快要睡啦！最近都睡不到六小時，哈哈。」

我用關心的語氣告訴她：「要睡飽飽，考試才有精神。」

「無法，每天熬夜也不可能念完，我已經睡得算多了。」

弟弟傳來一聲說：「睡不到六小時，怎麼考試啊？」

姐姐反駁：「為什麼不行XDD有壓力也睡不好啊！我上學期有一次還只睡三小時咧！」

一聽只睡三小時，我心疼的回：「那唸多少算多少，不要累垮身體就好。」女兒自己想要奮發圖強，睡這麼少，我不鼓勵也不會阻止。

「真的念不完，下次回去給你們看我到底在念什麼，就知道為何大家會念成這樣了，可能到明年國考考完會垮。」

「放不下，那只好考完再把身體補回來。」

「我最近超會吃的，因為太早起了，所以可以吃兩次早餐，如果只吃一次，中午就會吃超多，有時下午又再買個包子當點心，接著又吃晚餐了。連同學都覺得不可思議，我以前都吃超級少，現在讓他們大開眼界了，哈哈！」

「用腦太多啦！所以特別餓。該吃就要吃，但弟弟說妳會肥死。」

「不會啊，都跑去大腦代謝了，不會儲存起來。而且又不是吃垃圾，都是正當食物ㄟXD，最近花在吃的超~貴，哈哈，錢都拿去補腦了，從來沒想過我也會這樣『吃那麼多』！」

「沒關係，只要不是垃圾食物就好。最近天氣變涼了，要注意保暖！」

「好，知道。很久沒吃零食了，而且有時我還自己用電鍋蒸蛋、煮飯，超好吃的呢！」

「這樣很棒！」

女兒生日當天，我一大早用臉書向她祝賀：「生日還要上課辛苦啦！祝妳生日快樂&天天快樂。」並送一個生日蛋糕圖貼給她。

當晚，她在臉書感動的po文：「收到李春秀馬麻的生日祝福，讓我打起精神，為一整天的課程奮鬥——母難日快樂，哈哈哈。」

我們陪到不用大大的禮物，只要一句真心的祝福，就可以是孩子認真努力的動力。

女兒遠在台中，主動認真讀書、食衣住行都把自己照顧得很好，照理說，可以安心放手了，但我還是每天用臉書陪她。

在教養的路上，孩子的功課有放手的一天，但健康、品德及情緒我是絕對不會放手的。

我會一直陪下去，無論他人生中遇到的任何關卡，順境或逆境，我們都能一起共享、相依走過，直到不能陪為止，讓孩子擁有真正健康快樂的人生！

08 你們這樣陪，犧牲那麼多，得到了什麼？

教養是永遠的付出，而不是犧牲

要投入教養這條路，自己要有一個認知，永遠只有付出自己，絕不是犧牲的心態，是真心的愛。

要和孩子比耐心，不能用父母的角色壓孩子，要不然，會愈走愈累！

進廚房就不要怕熱。堅守以下幾點，您就能愈走愈輕鬆。

1. 要堅持，走自己的路，不能人云亦云！
2. 困難點會過去的！多堅持一點，結果就會出來。
3. 對孩子多關心一點、耐心多一點。

2012、1212、1212，那天，兒子請公假回來做專題，進門時我問他：「為什麼現在回來，要回來幫我洗碗喔？」

兒子回答得很爽快：「對呀！請公假回來幫妳洗碗，很孝順齁！」

接著他說：「七撿八撿，撿到1212這天請假。」

一頭霧水的我問：「這跟1212有關係嗎？」

「很多人都誤會我要去北一女校慶！我考慮好久才請的。」原來，這天小綠綠她們校慶。

我回答：「被誤會就被誤會，有什麼關係！」

外子開玩笑的說：「走！為了不要讓人家誤會，我現在載你去。」

兒子：「靠右邊走，搞笑喔？我專題都做不完了，還有心情跟我開玩笑！」

為了抒解兒子沉重的壓力，接著我開玩笑的說：「很不錯的日子啊！2012年12月12日的12點12分12秒，你進門回來耶！」

兒子無奈笑著說：「最好是啦！你們夫妻倆頭殼有點壞了！不理你們了，我要去打電話給教授啦！」

兒子進房換衣服，貪一時的舒服換穿短褲，過了不久，兒子叫了一聲：「媽，我告訴妳一件事。」

「什麼事？」

「穿短褲好冷喔！」

我揶揄他：「逞一時之快，活該！」

許多讀者羨慕的對我說：「很喜歡你們全家相處的氣氛。」

這樣的氣氛不是一天兩天形成的，我們也是經由學習，全家長期互動、互相學習而來的結果。

親子間的互動與親密，就是陪伴最好的收穫

前幾天我對外子說：「我想要去燙髮！」

兒子聽到後，馬上開玩笑的說：「媽，醜跟很醜有差別嗎？妳不要照鏡子就好了呀！」

最近兒子壓力大，時常睡不好，床位常和外子換來換去，一下睡這裡、一下睡那裡。

女兒昨天看到弟弟又換位置了，問我：「媽，弟弟哪時候又睡妳旁邊了？」

「昨天啊！妳沒發現喔？」

「那他下次要跟妳換嗎？」

兒子開玩笑的對姐姐說：「要跟妳換啦！」

女兒也火力全開馬上反擊：「你跟地板換，睡到地板下去啦！」

今天外子看到報紙又有人開始用椅子佔位置大排長龍，在龍山寺排隊安光明燈，開玩笑的對我說：「走！我們也去排。」

我也揶揄他說：「等你排到後，光明還沒到，健康已先出現問題掛病號去，不用安了。」

兒子：「媽，妳哪時候開竅了？」

一路陪伴著孩子，有些讀者會問我，你們這樣陪犧牲那麼多，得到了什麼？

我們的陪伴、付出一定有所犧牲，但犧牲不是為了要收穫。父母的付出都是出自內心，都是無私、天性、不求回報的。

至於得到了什麼？

雖沒錦衣玉食，但有著再多的錢也換不了的天倫之樂，一輩子甜蜜的回憶。

孩子長大了，他們的心仍和我們緊密的繫在一起，這就是幸福吧！

以前孩子還小的時候，周遭的人都對我們的教養觀有意見，但我們和孩子間的親密關係是無法以金錢衡量的，也是我們從孩子小時候「陪」養起的默契。

利刀難斷東流水，天涯難隔一家人。就像1212、1212，不用說就知道的密碼「愛我愛我」，這就是我們家！

09 輕鬆陪伴的大原則

陪伴不該為了成績，而單純只是陪伴

蠟燭多頭燒的兒子出門家教去了。

出門前還自言自語：「有哪個學生雙主修還接那麼多家教啊！」

上大一時，兒子表明不花家裡的錢，所以自己找家教。

自己的學費自己賺，已不花大人的錢。

他還把剩餘的全數交給我們，我們一毛不減的存在他戶頭裡。

個性、能力已大致定型，我告訴兒子：「其實你現在只要好好安於現狀，簡單過生活，足以讓你輕鬆過一生，不用這麼辛苦了。」

「我也知道，但不習慣沒事做的日子！這樣我會更痛苦！」

兒子過慣了積極努力的日子，無法忍受養尊處優像米蟲。

性格、能力的養成，一半是天性，一半是後天父母陪伴的影響。

教養分享時，我一直強調「陪伴」的重要性，父母需透過陪伴與參與，孩子才可能跟我們的生命有交集。

我的陪伴焦點在於過程，不在於成果。

陪伴最大的難處在於父母的心態問題：捨己、犧牲，最大的殺手是藉口忙、找不到時間。

學術研究發現，常有父母陪伴的孩子比較有安全感，情緒比較穩定，學習動機也比較強。

從小真心陪伴，會讓您有機會觀察到孩子真正的先天氣質，親子一路上在輕鬆相處中培養互相的了解和信任。

我的陪伴很單純，就只是陪伴，並花心思時間在孩子身上，讓他們確實感受到我的真心。

如果以孩子成績優秀為目的的陪伴，可能會在陪伴中不自覺的加入過多自己的期待，讓孩子產生壓力而喪失學習興趣。

陪伴沒有完美，永遠需要改變、進步

我經由將近二十個年頭與孩子朝夕相處，以及不斷修正的心得中，得到以下陪伴的大原則：

1. 所有好習慣、好態度的培養，都要有父母的身教，大人自己做不到的，不要求孩子一定做到。
2. 凡事用引導的方式，不要以命令的口氣、碎碎唸的語氣。
3. 管好大人自己的情緒，耐心、耐心、耐心！
4. 時空背景不一樣，不要用自己以前的經驗、觀念管教小孩。
5. 和孩子溝通，耐心傾聽、聆聽完孩子想說的話。
6. 鼓勵、讚美要具體。例如：強化日常生活中孩子正向的行為，只要是具體的行為，縱使是小小的鼓勵與讚美，在孩子的心靈中都是大大的肯定。
7. 鼓勵的獎賞不能太大、太奢侈。
8. 父母不能心太軟，懲罰要落實，共同訂定的遊戲規則要堅持，不可打破。堅持、堅持再堅持！
9. 經驗是最好的導師，多讓孩子自己學著動手做、自己體驗，不要下太多指導棋。

10. 多尊重、信任孩子的決定，讓他自己負責任。

11. 耐心的等待，等待孩子真正的長大成人。

呵…呵…呵…，大原則要做到這些真的很難。

其實許多事我們都知道，卻是做不到。

有時是「決心」問題，有時是「情緒」問題，有時是「心念」問題，有時，呵……大人有許多「藉口」，我也不例外，雖然做得不完美，但我繼續在修改中。

PO完FB後，我唸給兒子聽，請他替孩子們發言，是否要補充的？

兒子聽完吐槽的說：「這幾點妳自己也有做不到的，好不好？」

想虧我？門都沒有！回答兒子：「你不用吐我槽，後面的PO文，我自己有承認，我也做不到！就因為知道自己以前的錯，才知道要改進，你不能否認我現在改變很多吧？」兒子無言的默認了！

陪伴孩子的經驗將近二十年，缺點還是一堆，有待改進。

但我相信只要有改變的決心，一切都不會太遲！

要做到完美真的不太可能，只能說平時父母用心陪伴，盡量做到最好就好；孩子也不可能瞬間長大，給孩子時間長大，等待也是一種智慧！

10 孩子吃飯動作慢，怎麼陪？

體罰不是唯一方法，唯有因材施教才能解決問題

國中同學問我一個問題，小朋友吃飯要吃很久，怎麼處理比較好？（都蛀牙了，罵也罵了，打也打了。）

呵呵呵……，同學，別打、別罵，別急，這都沒有用！

孩子吃飯動作慢，相信困擾著許多父母，我們家也不例外，逃不過！這個問題也困擾了我們相當久的一段時間，十八般武藝全上場了，就如所說的，打也打了、罵也罵了、罰也罰了，各種刑罰都用上了，還是沒用。即便是狼爸、虎媽來，對他們也是沒法度（沒辦法）。

我家女兒小時不只吃飯動作慢，做任何事也都慢慢來，她在我們家還有一個雅號「貴妃」。

有天晚上，睡前和兒女聊到，「體罰有用嗎？」結果依我們三人的經驗分享，這跟「因材施教」一樣，要有個別性及分年齡層來討論。

我問兒女：「被體罰很痛的，為什麼你們五六歲時吃飯很慢，被罰都不怕，而且還那麼厲害！連算盤跪壞了，還是不怕，老爸最後被你們打敗了！」

女兒：「真的嗎？算盤跪到斷掉，我不記得了。只記得你們因我們吃飯很慢，想了許多招數來處罰。」

接著問兒子：「跪算盤很痛的，吃完就能起來，你為什麼不會想吃快一點，吃完趕快起來？還能跪上半小時以上，真不懂你怎麼有辦法？」

兒子：「一開始跪真的很痛，可是維持那個姿勢過了幾分鐘後，就比較不痛了！所以就邊吃邊跪邊玩。」

女兒：「對呀！這個我記得，玩到最後，爸爸換個招數用計時的，規定三十分鐘吃不完，超過幾分就罰跪幾分鐘算盤，而且還要用雙手在頭頂上拿一把椅子。」

女兒接著說：「我也還記得爸爸用棍子打我手心，打到腫起來。妳還幫我貼狗皮藥膏呢！」

女兒繼續開講：「妳看！你們用那麼多方法處罰我們，到現在我還不是一樣吃飯很慢，就是不想吃快嘛！」

「所以妳爸被你們打敗了，最後想了一個兩全其美的方法：邊看電視教學邊吃飯。」

我們接受他們吃飯慢的事實，外子想了兩全其美的辦法。

我再問女兒：「為什麼體罰對你們沒用？」

「這要看事情，以吃飯這件事來說，如果離上課剩五分鐘，我會趕快吃，不用你們催促。可是小時候沒上幼稚園也沒時間壓力，當然慢慢吃。我覺得有些習慣是天性，打、罵、罰沒用。」

女兒道出小小孩的心聲，打、罵、罰都沒用。

呵呵呵……，同學，看到了沒，打、罵、罰、急，這都沒有用！

孩子吃飯慢的原因可能有些跟先天氣質、厭食期有關，也有些是大人寵出來的，讓孩子零食吃太多、貪玩。

找出吃得慢的原因，用雙方都可接受的方法改善

吃飯慢、動作慢怎麼辦？父母的態度，直接影響孩子的飲食習慣，以下給大家參考。

如果孩子是厭食期，逼迫也沒用，只是適得其反。

孩子厭食期時，父母應減少零食的量，提供專心進食的環境，注意小孩均衡的飲食、改善偏食習慣，孩子餓的時候再供餐，如這樣還是無法改善厭食問題，就要求助於小兒科專科醫師的幫助了。

如果不懂有些孩子有厭食期，父母深怕孩子吃不飽而給予太多，他們看到食物反而更吃不下。

孩子沒食欲時，就跟大人一樣是吃不下的，但為人母的我們總怕他們吃不飽硬要他們吃，孩子一邊玩、一邊吃，常常要追著滿屋子跑，每一餐都弄到筋疲力盡，結果吃飯還是慢，時間又長，是長期下來養成的壞習慣。

孩子平時零食吃太多，當然正餐就吃不下，要控制零食，孩子餓了，正餐自然會吃多、吃快。

如果孩子貪玩而忘了吃飯，用餐過久，請將食物收起來，不給零嘴。**讓孩子知道吃飯就是吃飯，過了就沒有，要吃東西請等下一餐，這樣餓個一兩次，孩子知道大人的堅決態度說到做到，下次他們就會乖乖吃飯囉！**

如果是像我女兒一樣，那只好「接受」她吃飯慢的事實，跟我們一樣**找個雙方都能接受的方法。但這個方法要靠自己的智慧。**

至於蛀牙跟吃飯慢也相關，跟每個人的牙本質更是相關，可以當孩子的面請教牙醫師，牙本質以及牙齒保健的重要事項，孩子都喜歡聽別人的話，說不定會因此改善吃飯的速度。

如果再不能改善，就像我告訴兒女的一樣，**從小就提醒他們牙齒保健的重要性，該提醒、該做的、該盡的責任都做了，剩下的就由他們自己承擔，當父母的我們不可能樣樣保護他們一輩子。**

大人換個心情就不會氣得牙癢癢的！

3

陪伴
遇到的障礙

孩子的成長中，每件事都有其寓意與人生哲理，
遇到問題時，大人不用什麼都會教，只要用心陪伴。
父母認真，孩子就能學會方法、找到方向、盡情做自己。

01 雙薪父母如何兼顧陪孩子？

相信為人父母的都知道，也認同孩子自己帶、自己陪的好處。孩子自己帶，首要是養的「安心」，接著陪出革命感情的「貼心」，這樣情感連結是日後無法取代的，產生的默契心心相連，只要寶貝一個眼神，就可以了解其心思，是日後彼此溝通的「存摺」，可免掉日後很多不必要的問題存在。

自己陪的過程中，孩子成長與學習的變化，須即時修正、導正孩子錯誤的行為，澈底了解孩子的身心狀況，培養出孩子獨一無二的人格特質及擁有能力的「放心」。

如果可以，為人母親誰不願將自己的寶貝帶在身邊，我也一直強調「陪伴」孩子要愈早愈好，誰不想親自把孩子帶大啊？

每個人都知道孩子自己帶最好！但有些家庭面臨現實生活、經濟問題，一定要雙薪怎麼辦？

自己帶孩子最好，但陪伴重質不重量

許多父母在孩子出現問題才找尋原因，十之八九是父母陪伴的不夠，合理化自己雙薪、忙，沒空陪小孩。

其實這都不是理由，**陪伴的「質」比「量」還要重要**。

社會上有許多的雙薪甚至單親家庭也是忙、沒空，但他們陪出的孩子並不比全職爸爸或媽媽教養出來的差，甚至更優質，這是因為只要有空就非常用心的陪伴，他們是優質陪伴。

我們也是雙薪，幸運的是自己的事業，孩子可以帶在身邊，二十四小時輪流照顧，但雙薪的甘苦談不比別人少。

或許大家會說：「自己開業的錢好賺，自己當老闆時間自由，且孩子帶在身邊，沒人會說話。」

對，也不對，因為只對一半。孩子帶在身邊，沒有上司會管？因為你們自己就是老闆？

我們這個「老闆」只是美其名，創業的經濟壓力只有經過的人才知道，當個小「老闆」，可是大小雜事都要做，要跑三點半、叫貨、進貨、出貨、點貨、送貨、算帳、收帳、料理三餐、吊衣服、賣衣服……還有數不清的雜事。總之，是「校長兼撞鐘」樣樣來，這不打緊，還可能背負被人倒債，負債的風險，這樣的日子，我們夫妻倆對小孩的教育從沒放鬆過。

總之雙薪的心酸血淚日子，我們比起單純上班族的家庭有過之而無不及，甚至「更嚴重」，周六、日都要上班，有時到半夜一、兩點，連過年都捨不得休，因為「負債」。但這些日子，我們都熬過來了，孩子自己帶就是不一樣！

雙薪藉口，只要有心，一定可以陪伴

雙薪不能當成藉口，經濟狀況不允許的雙薪夫妻要有共識：不管白天是由誰（祖父母或保姆）帶，下班回來第一件事就是以孩子的事情為主，像是誰接回寶貝，誰先回來、誰先陪孩子等。無論如何，下班後的時間以「陪伴」孩子為優先。

要節流、要超省，奢侈品什麼都不買，不可再有其他貸款，但孩子的教育費不能省，精神糧食（書籍、雜誌、報紙等，充實自己的知識、常識）更不能省。

只要有心，再忙都抽得出時間陪，用適合自己的方法和孩子相處，親子相處「重質不重量」，即使雙薪夫妻為了家計無法二十四小時陪伴小孩，一樣能教育出優質的好孩子。

如果又有人說：「身體累壞了怎麼辦？」那只好以自己的能力「儘量」陪伴，品行、態度、習慣帶好，功課就難以要求太頂尖。

千萬別告訴我連基本的「品行、態度、好習慣」都沒時間帶，這可是日常生活中每個人生活習性「身教」問題。

如果連這點「身教」當父母的都做不到，孩子只好自求多福、「順其自然」囉！

孩子的成長過程真的很珍貴，親子間任何事的養成都是需要漫長時間相處，小孩要自己帶，更要陪伴他長大。能陪伴的時間有限，要把握！

相信能親眼看著自己的小寶貝，每日健康成長的點滴日子，是每位為人父母最期盼的事。

最後還是要提醒大家，**問題不在單薪或雙薪，父母的著力點應在孩子的成長路上，雙方最好不要缺席，重質不重量的陪伴更是關鍵。**

02 當雙薪媽或全職媽？

母職與自我實現的兩難，這真是困擾著許多現代當媽的大難題啊！

有位媽媽曾在電話中告訴我：

「看完你的新書，覺得自己陪伴孩子的時間好少，有一股衝動想要辭職當全職媽咪！」

也有人留言：「看完你的書，獲益良多，很想辭掉工作帶孩子。」

當全職媽媽不能憑一股衝動，要各方考量才可以做得輕鬆愉快。

全職媽媽不是衝動，要審慎思考

全職媽媽並不好當，孩子帶不好是妳的錯，帶得好是應該！是一份沒有掌聲的工作，她們可是有許多心酸血淚的！

只有做同樣「全職媽媽」的人，才真正懂「全職媽媽」的辛苦。

要審慎考量，要不然，等問題出現，壓力大時，情緒上身，對育兒不見得是一件好事。

「全職媽媽」這個工作並不是說想當就能稱職，還要看另一半有沒有經濟能力以及全力的支持。

要不然，真的當了全職媽媽，可是「忍、辱、負、重」的開始，辛酸血淚往肚子裡吞，要忍受沒帶過孩子的人，說妳工作很輕鬆的種種閒言閒語，而且也不能說想離職就能離職。

當一個全職媽媽應具有的信念，要有很強的自我肯定，無比的耐心，以及成熟的心理，還要有夠強大的獨立思考力。對於言人人殊更是要有很強的自我肯定意識：「我的工作比你辛苦，若要算薪水，我領的比任何人多，因親情無價，育兒更是無價，我是偉大的！沒人可以看輕我。」不怕蜚短流長，做真正的自己！

全職媽媽要有面臨這些壓力的準備：

1. 來自長輩（通常是婆家人，會覺得妳是米蟲）。
2. 有壓力也要自己排解，要承受外人的冷言冷語：「妳這麼好命在家帶孩子，哪有什麼壓力？」「妳就是時間太多、太無聊，整天胡思亂想……」
3. 經濟不能自主時，向人伸手時的心情。

4. 孩子學習需要錢，但若老公不同意，有些學習會被迫放棄。

5. 孩子品性、功課不好全怪在媽媽身上。面臨孩子考不好，壓力全上身。

6. 沒有下班時間，假想你當班二十四小時，沒有機會面對不同的人事物，情緒也沒得轉換，也沒有所謂「社會地位」。

親愛的媽媽，如果經濟許可當然可以考慮，如果不行，盡力就好。

無論全職媽媽或職業媽媽，都可以享受陪伴的快樂

天下並沒有十全十美的決定，每一種選擇，一定都有利與弊。

全職媽媽有可能因為沒有自己的時間、種種壓力，情緒控管更加困難，一個不小心，親子間很容易變成量高質低。

上班媽媽雖然和孩子相處時間短，如果珍惜每個相處時刻、用對方法陪伴，也可以做到量少質高的親子好時光呀！所以盡力做到自己能做的就好。

其實，只要用心照顧孩子的媽媽，不管是全職不全職，都是辛苦的！她三百六十五天每分每秒都要隨時待命，不談代價，沒有任何怨言。

孩子快樂，永遠笑得比他快樂，孩子難過，哭得比他難過……

能勝任這份工作的那個人，大部分是媽媽，那辛苦，會在看到孩子開心笑容時瞬間解除。

為母則強！思想要獨立、能力要獨立，不管待在職場或回歸家庭，面對任何閒言閒語能心定做自己，忠於自己的選擇，隨時自我鼓舞，努力勇敢地走出一條不一樣的路！

當媽媽的別忘記，媽媽是人，不是神，況且還有情緒，有許多事我們無法掌控，不能樣樣做到滿意。

只要努力找到自己的方向，快樂地走下去！

媽媽們**付出之餘，要懂得休息、自我調適，學會適時放下，快樂當媽最重要！**

大家一起為我們「甜蜜的負擔」加油！

03 來自長輩的壓力

一位媽媽說：「提前學習真的很棒，就拿我孩子來說，一連發燒一星期，第二天就月考，要不是有提前學習，我看真的會很糟，但也因為提前學習而讓家中的長輩不諒解，說給孩子太大的壓力所以生病，只能說無奈呀！」

「學習、學習、學習，一天到晚學習，孩子要快樂，不要逼他！」

「長大自然就會了，要快樂學習。」

「童年只有一次，孩子還小，不必那麼辛苦！」

這些來自長輩的壓力，相信多多少少一定有，壓力的原因五花八門，尤其是婆媳間的相處。

通常我們覺得無奈、改變不了的事，一半真的是很難改變，一半是我們自己沒有勇氣堅持。

「改變及堅持」這兩點要稱讚一下我家大嫂，她都做到了！

改變不了的事，有一半是因為沒有堅持

很不簡單，大嫂是一位未進門就被家父、家母不是很贊成的媳婦，她用那刻苦耐勞、堅忍不拔的客家精神感動了雙親。

家母炒菜一定放味素，大嫂從媳婦一開始的不敢說，到提議改加糖。有時我那可愛的媽媽還是堅持放味素，也沒正面反駁大嫂，等到她一轉身，我媽就把味素加進菜裡。

有一段時間，大嫂會當著家母面前阻止她放味素，現在只要大嫂在廚房，家母自動不會添加了。

家父、家母現在疼她比疼我這個女兒還疼。

對的事該堅持還是要堅持，但尊重長輩、不頂撞、忤逆長輩，這些我一定奉為圭臬！

有些事有些時候一時無法解釋，若無法解釋就不用解釋，時間會證明一切。

學習不可能沒壓力，只要孩子學習是自願的、快樂的，加上父母的正確引導，堅持下去就對了！

成功是堅持而來的，改變長輩們的想法亦是

許多事的成功是堅持而來的！

如果這長輩是自己的爸爸或媽媽，我會開玩笑的回答：「他現在不生病，以後生的是沒自信或是懶惰病。」

如果是公、婆，日久見人心。有些話，不能亂說。只好嘴巴「惦惦」（閉嘴），或由老公去擋。

如果老公也不挺妳，那更是「閉嘴」。

什麼都別說，並不是什麼都不做，而是要更有勇氣去做，只要是對的事，孩子也願意挺妳、高興做就好了。

跟孩子溝通，請孩子承擔是他們願意學習的技倆，是我常教媽媽們做的方法。孩子表示自願學習，這樣長輩就比較沒話說。

來自長輩的壓力，這條路很辛苦，能說服、感動老人家絕非一天、兩天的事。給長輩一些時間適應，長輩們的心腸比較軟，太心疼孩子。

有時給彼此一點時間、空間，不要小看自己的堅持的力量。

時間會證明一切，等待很難過，但後悔更是難過，孩子的成果會為你平反一切，不是嗎？

04 不敢教？不會教？還是不想陪？

有家長反應「不會教，不敢教」。

教育孩子，存乎一心，小學時，家父曾有一段時間，很認真的學習認字，每天晚上都會抽出時間自學，那時一直不懂，為何爸爸那麼認真了還無法辨字？長大後才知道他有讀寫障礙。

有些父母在孩子功課、成績出現問題，問我怎麼辦？

我反問：「你有沒有陪孩子們？」

答案大多是「不會教或不敢教」。

孩子沒有不會教，只有不想陪

不敢教？不會教？還是不想教？如果父母有心，一定能找到方法，讓孩子努力為自己讀書。

現代的父母親實在太急，迫不及待地想幫孩子成績打點一切，我以家父的例子告訴大家，**只要有心，不用會教，只要會陪**。

家父有讀寫障礙，是真正的文盲，深深體會不識字的痛苦，然而父親在忙碌之餘，總會特別撥出時間，用心良苦的找出方法「陪」我們讀書。

雖不識字還有辦法抽背我的國文課文，這是一輩子忘也忘不了的情景。他一個字、一個字的指，只要少了一個字就知道我背錯，要罰跪酒瓶蓋並且重背，直到一字不漏為止。

文盲的父親連字都不認識，更別說要教，只能用這個方法陪我們讀書，讓我們明白讀書的重要。看似嚴苛的過程，卻從不會在考試成績不好時責罵我們。勤奮地打拚工作來養家的家父，不只抽空陪伴讀書，還為我們家的三個孩子課業盡心。

在當時極重男輕女觀念的時代，父親還不斷告訴我：「要好好唸書，我不會因妳是女兒而不栽培妳讀書，能唸多高儘量去唸，老爸沒什麼可以讓妳當嫁妝，畢業證書就是妳的嫁妝！」

家父的這番言詞感動了我，讓我明白了努力讀書的重要；身教更甚於言教的父親也以其風骨、人生智慧教導我許多正確的人生價值觀。

用心找出自己的教育方式，和孩子一起成長

只要是人都有一個通病，願意做的事，會想出一百個方法，不願意做的事，會想出一百個藉口。

教育孩子，存乎一心！

家父什麼都不會教，可是很用心，找出他特有的方法，用心和我共同經歷刻骨銘心的成長過程，雖然只是一介什麼字都不會的農夫，但在心目中，永遠是影響我一生的好爸爸。

孩子的成長中，父母的參與，發生的每一件事，都有它的寓意與人生哲理存在，甚至在同一件故事上，更是有許多不同的寓意。

我從家父身上學到，**大人不用什麼都會教，只要會用心陪伴。父母認真，孩子就能學會方法，就能找到方向、盡情做自己。**

對於我兩個兒女的學業，從國中後，我們也不會教，只有給他們一個溫馨的家，用心陪伴他們走過人生種種關卡，更感受到我們對他們深深的愛，創造獨一無二的人生回憶，就像家父帶給我誰也取代不了的回憶。

所以真誠懇切的呼籲所有父母，多撥一些時間給孩子，用心陪伴他們比會教他們功課更重要！

05 名校迷思？

名校資源多？還是迷思多？

許多家長普遍存著追求明星學校的心態，連帶影響成長中的孩子，讓他們有這樣的迷思。

破除名校迷思，才能讓真正的孩子適才適性

社會永遠有名校迷思，也永遠相信分數至上，家長觀念不改、不修正一直沿用自己對孩子不適用的觀念來帶孩子，他們當然累，當然要痛苦。

十多年前，徐爸也曾是這樣的一個家長。

以前的外子無法接受私立又離家遠的大學。

孩子小時，外子總覺得他們大學時，要留在台北讀書而且要國立，只因離家近，所以依各別性向及能力定調，女兒是選校不選系，兒子選系不選校。

記得女兒有一次看牙醫回來告訴我：「牙醫師阿姨問我，你爸爸大學是不是要把妳留在台北讀書？」

「我說對呀！她回答說我爸也是。我們兩個相視而笑。」女兒當時沒想到，因媽媽我的關係，外子會有修正的一天。

把握適才適性很重要，當女兒對護理、藥學有興趣時，我就知道不用再往指考走，只等外子自己清醒選系不選校的重要。沒想到成績出來，不到一天的時間外子就清醒了，這也是他最大的優點，不會剛愎自用、懂得修正。

我問外子：「你怎麼想開了？」

外子：「因看太多讀了沒興趣痛苦或重考的例子，想不到時間到了，我也漸漸改了觀念。」

會做事和處世比好學校、好成績更重要

明星學校、好成績的迷思，這是大部分人的通病，小時候的兒女也迷思過。成長中的孩子有這樣的迷思是正常，也是一股向上的力量。

但我會適時對兒女說：「當今社會有好學校、好成績，得意風光一時的人很多。這個社會環境已經充滿能力、競爭力的人才。但出社會有能力會做事、處世的

人卻不多了，你們要成為哪一種人？要培養自己的能力才擁有真正的『鐵飯碗』……以後到處都有飯吃……。」

孩子認真的態度出來就夠了，父母永遠只需要支持與配合。肯學習，讀什麼學校都沒差，每位孩子都有其特色，適才適性最重要，也最能把自己專才發揮到淋漓盡致。按照孩子的程度選擇學校，才能有快樂的學習，自信心就不會被擊垮。

李家同教授說：「**教出有用的人，比進名校重要。**」這要讓所有人接受還真難，問題就出在家長本身的觀念。

套一句現代人常掛嘴邊的一句話：「時代不一樣了！」真的不一樣了，我們那時代，大學難考，而且每個人都有努力向上打拚的能量，不管有沒有上大學，都有能力在社會立足，更何況擁有大學文憑更是有加分作用，所以極力想上明星大學也沒錯。

然而，現在教育普及化，高學歷者一堆，空有知識卻無能力的也一大票。**孩子將來賴以為生存、足以跟別人競爭的，絕不是學歷而是抗壓性、挫折忍受力、處理問題的能力等，做人處世的基本。**

讓孩子學會並擁有這些大能力，走到哪裡都能闖出一片天。

成功不是高學歷者才能擁有，基本態度才是關鍵！

學習不是為了逃避某項弱點而選擇，而是要去面對，只要是態度、過程對了，不管選高中或高職終究會到達自己的理想目標。

父母的態度、觀念正確，一路上對孩子的陪伴，讓孩子有自信、肯定自我，營造出孩子成就感，做真正的自己，而不是讓孩子因制度問題、大人面子問題，使得孩子沒自信放棄自己，覺得自己什麼都做不到。

總之，**孩子小時養成良好的學習態度非常重要，而習慣養成了，學習自然就輕鬆，基礎學力紮實，父母就不必憂心要讀何所學校的問題了。**

06 功課和才藝如何兩者兼顧？

一直是我們追隨者的一位讀者，覺得現在的教育逐漸變為翻轉教室、學思達、手做創意等，專家學者也強調這是未來的趨勢。

「回想過去，孩子的暑假都花在算新學期的數學及英檢，結果60分的數學花雙倍時間只到70分。如果把這個時間給70分的手做天賦，孩子不但樂在其中，還能達到100分的境地。」

她覺得自己是傳統的父母，補弱不補強，沒有給孩子發揮天賦的時間。

讓孩子照著興趣，才能走出自己的路

「吳季剛的媽媽從小看出他的天賦，讓他朝服裝設計發展，才有今天的成就，如果媽媽要他去算數學，沒有時間做娃娃，現在的他會是怎樣呢？你的孩子有幸，喜好及天賦剛好在學科內，可以兩者兼顧，但我的孩子剛好一半一半，成績中上，但卻有手做創意的天賦，上了國中時間不夠，兩者難以兼顧，讓我好糾結，到底要如何抉擇？」

父母難為啊！教養觀念影響孩子的未來。

如何兩者兼顧？

哇，這是每個當媽媽的夢想！

上天是公平的！祂給孩子天賦一定有其缺點，孩子沒天賦也有其優點。

與生俱來的天賦很難得，但發展天賦的同時，如果擁有認真努力學習的基本態度，那更是難能可貴！

並不是人人都能發展成為吳季剛、陳偉殷、周杰倫……。

與生俱來的天賦不是無償的，要熬出頭也是要付出相當的時間及代價！

雖以天賦、興趣為主，但學業與天賦並不會衝突

天才也需要百分之九十九的努力！

所以天賦或學業並不衝突。

有些天賦是與生俱來，可遇不可求！**有人一生平凡沒有特殊才能，只有努力的基本態度，勤能補拙因而成功。**

孩子還小，無法一時準確的看出孩子性向，基礎學習非常重要，先打下基本功夫、建立好習慣就能隨機應變。

有天賦的孩子，可以雙管齊下，如果有態度自己堅持，父母甚至可以完全支持。沒天賦的就培養態度及習慣。

就像我女兒，什麼也沒有，她只有認真努力的基本態度。

所有成功故事都是勉勵人必須奮發向上才會成功，至於適不適合自己孩子，父母要用心發掘。

面臨教養、教育制度都一樣，沒有一定的答案、一定的道理，只有適不適合。

許多專家告訴我們面對孩子各種問題如何解決，應該怎樣做，這都只是參考，這方法也許適合A，但不見得適合B。

抉擇是最難的，只有孩子和家人有資格說話，其他都是參考，沒有對錯，沒有後悔藥。

我觀察我家孩子好幾年，沒什麼才藝，只好孤注一擲來讀好書，問題不在讀書或天賦，而是態度、熱忱、志氣及努力。

如果我的孩子一半一半，會**建議照天賦走，但讀書是基本不能放，孩子為了自己興趣會想辦法克服，達到雙贏**，不睡覺都可能，這才是真天賦，不然就是能力問題或假興趣。

父母可以一路觀察，再逐漸增減兩方比例到最佳狀態，兩者絕對可以並進，除非家人沒有實質引導，時間安排或讀書方法錯誤。

我的方法是「觀察孩子、基礎扎根、態度上來、且戰且走」。

07 輸在沒耐心，贏在堅持

孩子成長中許多學習態度及能力的養成是難以立竿見影的，心太急反而適得其反。

又有一位心急的媽媽打電話來詢問孩子問題，她說：「孩子小時候成績不錯，但到了國中開始下滑，補習班一家換過一家；家教老師一個換過一個。孩子成績還是上不來，怎麼辦？」

和她聊了許多，這位媽媽沒耐心聽一直問：「我要看哪本書？」「我要看哪個章節？」一味的只想要孩子成績上來，問出立竿見影的方法。

最後我語重心長的告訴她：

「沒有特效藥！當父母的沒有耐心，孩子也學到妳的沒耐心。

人生不是只有這個點、不是只有讀書、分數，孩子出了校園，還要有許多能力才能和國際接軌，不要太短視。

孩子終究要離開父母的羽翼，必須學會自己釣魚，現在從頭開始建立基本態度，才是釜底抽薪之道，才不會養兒養到老。」

孩子成長與學習沒有特效藥，必須按部就班的陪伴

許多父母都怕孩子輸在起跑點，所以很早就開始讓孩子學習，琴、棋、書、畫等各項才藝，父母也用盡了十八般武藝，但結果卻大不相同。

問題出在哪裡？孩子的資質？父母沒時間？

孩子沒問題！大多問題都出現在孩子小時候，父母沒建立好孩子的習慣、態度，而最大的原因在於父母沒耐心、沒方法，不夠堅持。

沒錯，就差這一步「堅持」，只想贏在起跑點。

如果從小時，就重視孩子的先天氣質、人格發展及學習態度、習慣的養成，長大後的許多問題當父母的都能迎刃而解。反之，當然問題重重！

多數的爸媽真的很辛苦，雙薪家庭每天忙碌，哪有那麼多美國時間陪小孩？最後變得親子對立！

時間是擠出來的，只有要不要、願不願意。

我常對兒子說一句話：「**輸在沒耐心，贏在堅持！欠自己的早晚要還！**」

堅持出共識，就能持之以恆

凡事沒有捷徑只有基本功！

當父母的我們陪伴孩子也是一樣！

現在不花時間「陪」，但欠自己的早晚都要還，孩子長大後，會更不知要怎麼「賠」了。

至於如何堅持？我的做法是和家人取得共識，持之以恆。

家人出門在外如果超時未回家，你曾為家人擔心害怕嗎？

我想大家都應該會吧！

擔心的同時會怎麼做，每個人做法不一樣，我不做無畏的胡思亂想，寧願他們怪我小題大作，也要讓他們明瞭我對家人安全的重視。

我不是控制狂，不會控制家人想要去任何地方做任何事，但平時出門的目的地在哪裡我要知道，如果是出遠門，到達目的地會要求報平安，超過預期的時間太久才會主動打電話找人。

只要知道人平安了，其他的事絕不囉唆過問。

和外子結婚開始就這樣做，到兩個孩子長大成人我的做法還是沒變，現在兒女及老公出門都會主動報平安。

這是我長期「堅持」來的！過程中被唸過、酸過、誤會過，但成果很甜美。

了解家人行蹤是為了安全，而不是控制

去年某天，一大早起床外面下著大雨，當天兒子要到學校暑訓劍道第一天，所以要攜帶木劍、道服及護具。

原本兒子是自己騎腳踏車去搭捷運，因下雨且行頭很多，所以就由外子騎機車載去捷運站。

騎機車到捷運站來回不用五分鐘，外子去了半小時還沒回到家，我有點擔心，但耐住性子，說不定去買精神糧食報紙耽擱了，心想再過十分鐘如果還沒回來就打電話找他。

隔不到一分鐘接到外子打來的電話說，因雨下得很大，兒子東西又多所以直接載他到學校，現在才要回家。

外子回到家告訴我，和兒子在路上討論，要不要賭媽媽會不會打電話追人在哪裡？因我們全家都知道，我不是要追蹤人去哪裡，而是人是否平安？所以外子會主動打電話告訴我行程。

有一次，女兒晚上六點多就用FB簡訊向我報平安。

當晚七點又傳來：「我要去同學家玩貓ＸＤＤ，然後住他們家，現在出門，到了再跟妳說ＸＤＤ，之前營隊時，我也住他們家的那個同學。」

其實女兒也可以選擇不報備，直接到同學家住就好，但也知道**只要誠實告知會有更大的自由**，而且我會擔心她的安全。

其實真的不是要控制他們的行蹤，而是平時就用真心讓他們了解我對家人的平安有多重視。

剛結婚時，外子或許不習慣，但久了就知道我是關心他的安危，所以現在到各地演講，到達目的地或要回家時都會打電話告知，平時出門在外，如果有事耽擱，他也會事先打電話，以免我擔憂。

「**成功路上並不擁擠，因為堅持的人不多。**」

陪出
孩子的好情緒

大人情緒對孩子的影響甚遠，
育兒需先照顧好自己、控制好自己的情緒。
父母有好的情緒才能陪出孩子的好情緒，才能有好的將來。

01 陪出好情緒，才能有好的將來

兒子曾一度抱怨：「為什麼我的IQ不高一點？」

我回答他說：「給你IQ一百分，EQ零分，兩個加起來平均五十分也不及格。純粹高IQ型，如果不懂怎麼去對待身邊的人，幾乎是一種誇大可笑的知識分子型，生活上的白癡。也有可能是社會亂源，你要當這樣的人嗎？」

在教養這條路我著重的是，生理、心理健康以及人格、社會、道德行為發展的健全，這些包含了所謂的EQ「情緒智商」（社會智力的一種）。沒有這些做基石，再高的成就也是枉然。

有高EQ、高挫折忍受力的孩子，才能擁有好將來

孩子的情緒管理要從小帶起，而父母本身更要有好情緒，先帶住孩子的心，才能帶住孩子的情緒，培養出高EQ、高挫折忍受力的孩子，才能有好將來。

許多父母會忽略情緒管理，因為這些在升學路上並不算分數，大家都不重視，殊不知情緒會影響孩子一輩子的成就，尤其是青春期。

根據研究發現，影響一個人成功的條件，並不是能力高低，而是有高EQ特質。**EQ是包含如何激勵自己愈挫愈勇；如何克制衝動、延遲滿足；如何調適自己情緒；如何設身處地為人著想，以及妥善維繫人際關係等能力。**

目前我們社會有許多問題，大多是個人欲望太多、衝突太強，情緒控制不好而造成悲劇！傷了不少父母、親友的心。

還有一些常見的社會亂象，路上兩不相識的陌生人，也可以一言不合、擦槍走火導致互毆的事件，有時相識一輩子的鄰居或友人，也因一件無傷大雅的小事鬧上法庭……。我們的社會病了嗎？

如果在一開始就悉心培養孩子的EQ，又何必等到出問題再補救，造成無法彌補的地步？

這些都要歸咎整個社會不重視基本情緒管理的教育。

控制衝動的情緒，避免釀成不可挽回的錯誤

人的基本情緒有喜怒哀樂，但這些情緒和生活中的經驗連結，有個別差異。人生成長的每個時期，都是協助孩子培養情緒習慣的契機。

孩子最重要的情緒經驗來自親子間的互動，充分的認知其情緒需求，在教養中時時灌輸同理心的意義與經驗。

根據心理學家研究，**EQ並非天生不變的，它的發展大部分取決於後天的學習，**可以改變腦部生化物質的分泌與傳輸路徑，進而掌控情緒。而且**影響孩子情緒能力發展最重要的關鍵來自於家庭。**

理性與感性是人的兩顆心，情緒失控是理性與感性的判斷力失衡。**誰都有脾氣，但要學會收斂；在沉默中觀察，在冷靜中思考。別讓衝動的情緒，釀成無可挽回的錯。**

與人發生衝突時，有些話確實可以解決當下的情緒，但對現實的狀況卻無法有任何改變！

自己是否有足夠的智慧，去化解衝突，讓危機和平落幕，才是重點！

我一直向兒女強調，成績固然重要，但一個人如果有再高尚且受人尊重的職位與頭銜，而沒有良好的情緒、品行與道德行為，那又如何？

做父母的我們能不汲汲營營，將這重要的情緒管理傳授給下一代嗎？

孩子的大腦有無限潛能的發展空間，就看為人父母的，怎麼看待此事了。

02 孩子功課好更要陪

一般的父母以為孩子功課好就沒問題，而忽略了成長過程。

聰明的孩子「功課」也許不是問題，「情緒」才是。

只要陪對方向，就不必擔心！

尤其到了青春期，父母會有很重的無力感，覺得管不動孩子了。

要用更多的愛與陪伴，才能了解孩子最深層的心靈角落

在傳統的教育體系下，著重的是智育的培養，也就是以IQ為主軸。

我們常常忽略了孩子的情緒管理，導致孩子缺乏同理心、挫折忍受力低、無法面對壓力、人際困擾多、無法控制怒氣、情緒失控，以及衍生出校園霸凌、甚至轟動整個社會的殺人事件。

這些讓父母、師長頭痛的行為，反映出孩子情緒管理出了問題，如果不加以重視，長大後面臨各項挫折無法解決，容易造成不少憾事！

別以為孩子功課好就沒問題！一個人情緒及心靈的成長，對孩子人生的影響更是深遠。

兒子心靈的成長超越實際年紀，總是想太多、太遠，這對我們來說，一則以憂一則以喜。

喜的是懂事能力強，憂的是總是將人生看得太透澈……。

還好，他每天會將心情垃圾和我們分享。

我很重視兒子的情緒發展，所以陪起來比陪姐姐更累。

功課好愈聰明的孩子心思上更細膩、愈自私、愈自我，EQ愈是不好。

父母要用更多的愛與陪伴，才能了解孩子最深層的心靈角落。

睡前每日例行會跟兒女聊天，有時兒子很愛捉弄我這個老媽，常常用腳趾頭捏我，這是學外公的，多年下來他練就了好功夫，用腳趾頭捏人比手指還痛。

前幾天也不例外的故技重施，我問他：「你怎麼不去夾爸爸？」

「妳的反應比較好笑。」

其實一整天下來，我和外子已經很累、很疲憊，但為了家中這個大麻煩，現在每天除了睡前陪他聊天外，有時還要利用生活中真實發生的情緒，與孩子做心靈的對談。討論生活中的快樂、驚喜、歡笑、期待等。

每次的溝通都蘊藏著情感的交流，無數次的交流，也奠定了孩子EQ核心，進而影響生命其他層面的發展。

太多父母急著要孩子長大，要孩子提早獨立。表面的獨立是一種傷害，讓孩子覺得安心的陪伴才能無憾。

用「愛」陪伴，以智慧教導的過程，孩子能在愛的家庭環境中成長，是最幸福的事。

好的親子教養關係不在於完美、無缺，而在於父母是否願意不斷地修正自己與孩子相處的方式，協助孩子，也同時協助自己和孩子們一起成長！

有愛，讓自己真正快樂；有愛，讓自己真正富有。

愛！讓孩子快樂成長；愛！教化孩子心靈；愛！讓社會更美好！

03 我陪了十五年，才撫平他心中的不平

平時多和孩子聊聊天就能走進孩子的心靈世界。

別看兒子目前表現這麼優秀，我可是容忍他在家掀起大戰達十五年之久。

多和孩子聊天，才能了解他內心的世界

每天我不問孩子功課考怎樣，會問：「今天學校有什麼好事發生？有什麼要幫忙嗎？」

女兒說的大部分是趣事，兒子百分之九十是不滿。

二十年如一日，即便遠在台中的女兒也不例外。

聰明如果不好好教導愈是社會的亂源，而一切的亂源從心中的不平開始！

兒子從小很聰明有正義感，有時看到老師處事不公平，心中不滿就不服老師，一心只求公平，怎會「服從」？怎懂得「尊師重道」？

有時會和老師起衝突，此舉看來就像是個問題學生。

我曾開玩笑的對他說：「你好好表現會發光發亮，如果沒走正道會是『魔頭』一個。」

兒子沒否認，因為他知道我說的是事實！所以對他的負面情緒，我可是很有耐心的處理。

撫平內心的不平，才能真正做到尊師重道

比如：「尊師重道、服從」這簡單的六個字。

女兒打從開始學習就把老師的話奉為聖旨，因為我們對師長們也都非常敬重，所以這六個字對她來說是輕而易舉。

但對兒子，我卻花了十五年的時間，讓他自己懂得感恩，真正發自內心的對師長敬重。

在這期間我不斷的告訴兒子：

「你可以有不同的想法、也可以表達內心的情緒，但請記得一定要尊師重道。你可以把情緒留在家裡，可以把所有的不平全說出來，但面對師長要用自己的智慧說服他們，而不是發洩脾氣傷害彼此。」

這些話我說了無數次，容忍他在家掀起的大戰共十五年。

總之，了解孩子以「愛」為出發點，讓孩子感受到家庭的溫暖與父母的支持。

我們花了十五年的時間，讓兒子真心懂得這做人處世千古不變的道理以及「適時服從」的必要性。

愈聰明的孩子，他們是更需要愛來撫平心中情緒缺口的。

04 父母陪的方式對孩子人格的影響

孩子的道德行為發展是往後成為人格特質的一環，而道德行為是隨年齡與智力並行發展，所以人格是可以改變的。

正因**人格是可以改變，「家庭教育」才有其真正價值，而父母的管教態度會影響孩子的人格特質**。

父母的態度決定孩子的人格特質

父母管教的方式可歸納為三種：(1) 權威式；(2) 放任式；(3) 民主式。以上則各有其優缺點。

管教的態度若採納、關懷、開朗，對孩子人格發展有正向引導。

反之，若為嚴格、獨斷、放任、拒絕、冷漠、過分保護，可能對人格發展有不良影響。

我尊重每一種管教方式，教養沒有對錯，只要正向適合自家孩子就是好。但**不管用何方式，都要以「愛」為出發點，讓孩子感受到家庭的溫暖與支持。**

兒子從小很會頂嘴，有時會和老師起衝突。

一開始不懂的我們，用權威式、專制的管教方式強迫兒子「服從」，但效果卻不彰。

經由時間的洗禮，我們懂得修正，採用民主方式，重視兒子發表的意見及心聲，深入了解其原因，以「人同此心，心同此理」對待兒子，幫兒子把「不公平」留在學校，「公平、正義」留在家裡。

兒子回到家，情緒得到撫慰，等他情緒撫平後，再動之以情、曉知以禮，讓他懂得做人做事、尊師重道的道理。

學會包容與寬恕，適時幫助孩子走出情緒困境

我常告訴兒子（因兒子常碰到這種情形）：「人生本就有許多不公平，只是你提早遇到而已，即然遇到了，學會包容、寬恕會更高人一等。」

「至於老師的錯誤，是個人行為，不能學習，學生的本分還是要做到，此事可以引以借鏡，長大後更懂得如何待人處事，如果當了老師就不能這樣對待學生。」

了解與包容，適當的協助對兒子很有用。**用對方式就能幫助孩子走出困境，釋放他們的特質與潛能。**

兒子雖然還是很調皮、脫線，但現在懂得感恩、尊重、包容，是人人稱讚有禮貌、誠懇、坦率、和睦相處、勤儉樸實的孩子。

我一直認為只要給孩子滿滿的愛（不能是溺愛），從小用心陪伴、循循善誘，孩子身心、品性、道德有良好的發展，就能表現出自動自發、誠實、樂觀、合作、尊重、包容、感恩、助人、自信、負責任、以及克服困難的勇氣等人格特質。

現代孩子經常性的暴走、口出惡言，都是內心負面情緒無法得以抒解所導致。情緒反應會成為習慣，一而再、再而三的在生活中上演。

情緒教育，真的需要好好重視。從孩子日常生活中的細節累加起來，我們會發現一些問題癥兆。

此時應該為孩子引導出他們的問題，協助他們走過這段情緒風暴。

兒子的不公平感受都出現在以下對上的角度檢視，所以花費的心思、心力更大。女兒發生的都在同儕間的不公平而且都是被欺負的那個。

對於他們兩個，我們情緒的處理方式不同，但道理是一樣的！

別讓孩子認為人人對不起他、社會負了他。

05 一步一腳印，陪出好情緒

了解孩子的情緒需求，培養好的情緒習慣

兒子國一前，常常被我唸：「你只有IQ一百分，但EQ零分，自私自利、動不動就發脾氣，情緒暴躁、沒有同理心。」

但目前的兒子在我眼中不一樣了，是個會控制情緒、為人著想、幽默貼心的好小孩。

有天我問蠟燭多頭燒的兒子：「你不能把事情簡化一些，一步一步來，這樣內心衝突才不會那麼大，身體上也才能承受？」

兒子每天雖然承受很大的壓力，卻依然很幽默的回答我：「不行！我要養我的頭腦！」

「我是平凡的媽，聽不懂你的『養頭腦』理論，我只知道『養身體』比『養頭腦』好！」

外子回他說：「養小三比較流行，要不然也養車子會比較高興，哪有人在『養大腦』的，沒聽過，這學問太高深。」

兒子幽默的回擊：「要養那些有的沒的，你自己去養！我看你全身發『癢』啦！」

是人都有喜怒哀樂，更何況是成長中的孩子。

情緒是人格的基礎，而孩子最重要的情緒經驗連結，因來自親子間的互動而有個別差異。所以**充分認知孩子情緒需求，接納、協助孩子認識及表達情緒，會讓孩子發展更好的人格特質**。

孩子成長的每個時期，都是協助孩子培養情緒習慣的契機。

分享自己的經驗，陪伴讀者繼續堅持下去

徐爸第五本書《不補習也能教出金牌兒》，不是要炫耀金牌，我們要訴求的是「情緒」這一區塊，書中兒子的情緒起伏不是假的，看到兒子科奧受訓結束時，輔導員送給他的卡片，讓我憶及兒子準備科奧時的情形，心路歷程還歷歷在目……。

「一切順其自然，做就對了！」這句話陪兒子度過科奧受訓時的辛酸與心酸。

兒子從整個科奧過程及我們一步一腳印的陪伴中成熟許多，不因得獎牌而驕傲，反而更謙虛、更能同理受挫的人，學會了忍耐、學會了感恩與珍惜。

當時心疼與不捨的我自己默默許願，兒子只要能順利回來（不要真的破紀錄連銅牌都沒有），我這個電腦白痴要開啟FB經驗分享。

承蒙各位的支持與鼓勵以及出版社的不嫌棄，終於集結成冊出書分享，曾有許多人問：「文章都在FB裡，那誰還要買妳的書？」

我回答他們：「**分享令人快樂，感恩讓人幸福，這才是我的目的**。有如請兒女教同學時，不能藏私，要盡己所能『無私的分享』，只要對方受益，我不在意分享的管道是如何，多賣一本也不會更有錢，我想的是多分享一本就有可能多幫助一個家庭，一切順其自然。」

常常有媽媽質疑我：「妳陪孩子要陪到何時？」

我的答案始終沒變：「情緒、品格不能放手，如果可以，我會陪到不能陪。」

陪伴是一條漫長又辛苦的路，各位爸爸、媽媽，當你們陪伴不下去時請留言給我，因為大人也需要鼓勵的，我願意當「鼓勵您堅持下去」的那位推手。

「我也會在此，陪同你們的寶貝長大，而且也是陪到我不能陪！」

06 從幼兒的情緒開始陪

大家不覺得我們是從小吵到大嗎？從手足之間、同儕之間、同學朋友之間、情人之間、夫妻之間，甚至親子之間，無論在哪個階段都無法避免經歷爭吵過程。

爭吵是人與人的溝通方式，正向面對才能解決問題

幼兒時期常遇見令父母頭痛的問題，就是孩子被比他大一點的小孩欺負，兒子小時候也常常遇到。

爭吵是溝通的一種，更是情緒發洩的管道，即然避免不了爭吵，為何不教孩子從小正向面對。

爭吵免不了生氣，而生氣是人類再自然不過的情緒反應之一，所以孩子可不可以生氣？當然可以！

生氣可以用不同方式呈現，有人較溫和的嘟嘴、沉默、生悶氣；有人大哭、尖叫、摔東西，有人怒目相向握拳出手打人……，到底哪個才算合宜方式？

如何界定哪種方式適宜？標準因人而異，只要能夠符合社會規範，就是參考的方向之一。

教孩子如何生氣、發洩情緒，首先了解先天氣質，了解生氣的原因，再來先讓其適度的表達生氣，讓內心壓抑不平的情緒能量，可以適時獲得釋放，孩子在短時間內情緒回復平靜，可以大大降低心靈上永久的傷害，最後再教如何判斷是非對錯，避免日後產生反社會行為。

就佛洛伊德精神分析論，幼兒本身即具攻擊行為，如果再透過觀察與模仿霸凌行為，很容易本身也會出現霸凌他人的反社會行為。

快樂、滿足的社會經驗，才能發展健全的社會適應力

一位朋友的描述：

我兒子三歲半（實歲），是個很早熟的孩子，上班時，就交給給公婆帶，晚上假日自己帶。

老大剛才告訴我：「馬麻，小叔叔都會巴我的臉。」說完抱著我。

「他在和你開玩笑的吧？很大力嗎？」

「是呀，就這樣巴（模仿巴的動作，感覺力道不小），我可以巴回去嗎？」

「不可以，但馬麻會和小叔叔說以後不可以這樣打你，你原諒他這種行為，也不可以學他。」

兒子想了一陣子，問了讓人很難過的事：「小叔叔如果這樣打我，我可以拿刀砍他嗎？」

我真的很驚訝！也很難過這是從三歲半孩子說出來的話。這種早熟的孩子每天和公婆看政論、血腥的新聞，而且看了就記住，我真的有點迷惘該怎麼教他。

這是個典型的例子，孩子想以暴制暴解決當下的問題。

面對任何人的攻擊，當對方不講理，且出現攻擊行為時，要先保護自己不被傷害，趕快離開現場，回家馬上告訴媽媽。

此時如在家，我容許他將心中的不平與憤怒，盡情發洩，甚至大吼大叫都可以，但絕對不能在他人之前，不然就和那些欺負我們的人沒有兩樣，既然不喜歡對方如此待我們，我們也不能如法炮製。

孩子早期的社會經驗如果是快樂滿足的，則往後會有較好的社會適應。

情緒的控制，是幼兒心理發展的重要課題。

年齡愈小，性格變化愈大，相對的也愈容易經由適當的教化學習，日後發展成為一個成熟健全的人格。

幼兒時期是情緒、人格發展的黃金時期，孩子都很聰明，許多事不及時導正，隱藏在未來的問題更大，後果不堪設想！

物以類聚，自己的孩子自己教，幫孩子找到志同道合的環境與孩子相處。

07 陪孩子要數到一百

市面上的教養書我們家幾乎都有，有一本要數到三喔，另一本不用數到三，兒子看到了說：「陪孩子要數到一百。」

這是兒子的真心話，他說你們大人都用情緒在教小孩，同一件事，你們情緒好時做沒事，當情緒不好的時候，「代誌就大條」！

兒子一語道破大人常犯的錯。

剛開始不懂的我們真的是如此，有時情緒上來，同一件事、同一個行為，當時可以，現在卻不行，這樣的情緒教養會導致孩子不知所措，到底哪一個才對？

父母這樣的行為容易影響孩子日後情緒的發展，還好我們一路上不斷的在修正自己的行為。

家庭氣氛會影響孩子的個性和處理問題的能力

帶小孩難免會有情緒，有時大人會因孩子不如自己的預期而勃然大怒，但對孩子發脾氣的同時，孩子學到的不是他們錯在哪裡，而是大人發怒的情緒。

孩子的情緒，部分是先天遺傳，但大部分是經由後天環境學習而來。**在家庭和樂氣氛下長大的孩子，個性多半樂觀開朗，面對問題能理性處理。**孩子在緊張、不安環境下長大，容易有悲觀、消極的個性，受挫能力較低，相對面對問題時，處理的能力也較低。

生活中對孩子的管教，我們的許多行為，是因為情緒一時的衝動而出現，等情緒過後才後悔當初為什麼要這樣做？所以當情緒出現時，兒子無心說的數到一百或許真的有效。

我對外子分享這段對話。

外子反駁說：「數到一百我會得內傷。」

「沒錯啊！得了內傷就沒力氣罵他了。你兒子一語中的，至理名言。」

重點不是教孩子要數到多少，切記的是，不能用大人的情緒來管教孩子。

好樹生好火，父母的情緒穩定，帶出來的孩子才會學得以冷靜、沉穩的情緒，面對問題、處理問題。

08 幼兒、青春兩個風暴期，如何陪？

經研究指出，在用心的教導下，EQ確實可透過學習加以改善的。

幼兒期與青春期各自有不同的陪伴方式

• 幼兒期

朋友：「我兒子才三歲，但我最近很需要處理他的情緒，現在的小孩早熟，也有自己的想法……。」

還有媽媽打電話問：「最近面對我三歲女兒的情緒問題，常常為了一些事情，跟我鬧情緒，一開始我很強硬（不能讓他爬到我頭上的心態），後來我看了您《6歲前，帶住孩子的心》，開始在思考女兒鬧脾氣背後的原因，我開始檢討我自己，但要怎麼陪？」

這是孩子成長的第一個反叛期，也是建立自我的必然過程。孩子「正在思考自己的需要」，不用太驚慌，視反抗為正常。**情緒是人格的基礎，協助孩子接納、認識及表達情緒，會幫助孩子發展更好的人格特質。**

有時大人的情緒難免波動，有時候一急，事情一多，真的很難做到心平氣和與孩子溝通、理解他的需求。

當下是否能控制自己的情緒，可能需要有深刻的體悟及相當修養才能完成。兒子曾說：「陪孩子數到一百。」這個方法大家可以試試看。

●青春期

孩子到了青春期，父母經常有很重的無力感，覺得管不動自己的孩子。該放慢腳步，多一些親密時間給自己跟孩子！

當孩子長得愈大，你就愈發現「陪伴」有多重要！

叛逆或許讓許多父母頭痛，但只要家庭有愛、有溫暖孩子終究會回頭。我發現**青春期的孩子更需要父母的「陪伴」，愈大的孩子要愈多的「尊重」及「講理」**。

青春期孩子的叛逆我們家沒有，但孩子面臨複雜的情緒思考、不平的感受、心理各種矛盾、衝突與不安，我家兒子有過之而無不及。

這是我的法寶，只要從小孩子擁有足夠的愛，**面對青春期的孩子，以「朋友」的方式，不求回報的付出，耐心傾聽他們內心的心聲，當他們尋找人生方向時重要的「錨」。**

讓他累了有喘息、休息的空間。從自身深刻的經驗中，去體會及改變。**孩子的成長，除了陪伴還是陪伴，耐心傾聽、默默守候，等待他的真正長大。**

人類的情緒有數百種，慢慢陪出孩子的好情緒，不要急著放手

情緒啊！情緒！人生的一大功課，影響著人生一輩子。

兒子高三上時，有天睡前聊了許久，他吐了一些昨天在學校受的冤枉氣。

話說因團體班務之事，兒子是主動帶領第一批同學去搬東西、佈置會場，一開始沒幾個去，中途老師有點名同學幫忙，兒子從一開始做到差不多快完成時離開，結果卻被誤會什麼都沒做，只顧自己的報告，兒子不想解釋，只好忍受同學言語的批評……。

這情形如果發生在國二前，兒子回家鐵定火山爆發……。

但經由時間的洗禮，兒子成長許多，只在睡前用平靜的語氣訴說內心的不平。很欣慰！兒子本身的事務已經很多，還會主動幫忙班務，被誤會也能平靜面對，不再是個火爆小子。

他終於學會以冷靜、沉穩的情緒面對問題、處理問題。我花了十多年的時間，讓兒子不再是火爆脾氣的小伙子，情緒這一塊，我繼續陪伴中。

當每個父母急著要孩子趕快獨立，急於放手，試問情緒這一塊能急嗎？**人類有數百種情緒，情緒之複雜遠超過語言所能及。**

情緒啊情緒！情緒讓人捉摸不定，存在你我心靈中，主宰我們大腦，甚至削弱我們實際能力與清晰的思考力。

09 陪了，了解才能諒解

育兒從「陪伴」開始；教養從「身教」開始。

呵…，絕不是從「怒吼」開始。

親情，是用心經營來維繫，而不是用「情緒」互相考驗！

突破自己的盲點，才能真正了解孩子

一位家有小三女兒的媽，在聊天過程中提到她女兒很調皮、很脫線、很粗心。

有一次她問女兒：「今天中午的藥吃了沒？」

女兒回答她：「妳不會到餐袋裡看？」

她很火大的回答女兒：「我寧願花三十分鐘來踹妳，也不願多花三分鐘去看餐袋。」

我也告訴她發生在我家的故事，季節交換時，兒子有些小感冒症狀，要他量個體溫，他雖聽話的去，可是每次都要玩一樣的戲碼，量完他會說：「我們要不要來個猜謎遊戲？」明明知道我想要趕快得知結果，他就是老愛吊我胃口，惹我生氣。剛開始會很火大，最後熟悉他的技倆，不理他後就乖乖告訴我答案！

這位媽媽說的情形跟我兒子真的很像，只是了解孩子調皮的原因後即能釋懷，坦然面對。

每個人都有盲點，必須透過旁人提醒才會恍然大悟。了解孩子、控制好自己的情緒，嗯…這都需要一些時間的磨練。

唯有了解才能諒解！

多看看書、多聽聽別人的經歷，能改變自己的思路，找到正確的方向，進而修正和孩子的相處模式，對親子關係有很大幫助。

這位媽媽明知道自己情緒有問題，但無法改變自己，心理很痛苦，我也建議她先去看看我的書從中找出原因，改變思路了解孩子，突破心中的藩籬。

改變？不是只改別人，要從自己變起！

10 別陪到被孩子的情緒綁架了

別被孩子的情緒綁架，才不會養成惡習

曾來我們家上課的一對小兄妹，妹妹才五歲，聰明活潑又可愛，兩兄妹相處也非常融洽，但玩到一半時，妹妹翻臉，生氣哭得好大聲、好傷心。

她一直要求爸爸處罰哥哥才罷休，整個過程我全看在眼裡，一開始兄妹倆高興的在追逐，最後為搶奪玩具，哥哥先出手打了妹妹，妹妹也不甘示弱回擊，達不到目的就用哭、鬧來搏取同情。

我告訴她的爸、媽，不能答應其要求，讓她哭並一邊觀察，只要身體沒有出現不適就繼續哭到她甘願停止。

這位爸爸很有耐心的一直抱在懷裡讓她發洩情緒，但小女孩邊哭邊要求大人處罰哥哥，還一邊打爸爸。

這是幼兒用哭鬧情緒綁架了父母！

他們上完課回家後，兒子說：「妹妹好像小時候的我，會利用情境想要對方受到處罰，看到對方被處罰，我心裡就很高興。」

人們常常藉著喜、怒、哀、樂等情緒，來表達其對周圍環境（人、事、物）相處的心理感受。幼兒更是如此！

幼兒憤怒的情緒，出現頻率約一歲半到二歲間達到高峰，之後會漸減。**有些幼兒會利用情緒化要脅時，第一時間絕不能妥協投降，應嚴辭拒絕，以防養成習慣。**

一旦養成惡習，將來對父母予取予求時，後悔就來不及了！

曾和一群媽媽聊到此事，A媽：「的確，這是現代為人父母最難的功課，一不小心就會被綁架一輩子。」

B媽：「遇到這種情形，有時候實在會耐不住性子解決，而且會不知所措……。」

育兒一路走來，這就是孩子能讓我們成長的地方，要謝謝他們給我們機會。**幼兒時期的孩子開始有情緒時，千萬不能以動怒的情緒來處理，應冷靜、觀察、分析，並以接納、誠懇、堅定的態度告訴孩子，讓孩子認知學習到修正為止。**

了解產生情緒的原因，用心與智慧去解決

我家姐姐十七個月大時，當時剛生完老二，在娘家做月子，曾答應帶她出去玩，我抱著告訴她，因媽咪目前沒空，等外婆回來再出去。因不如所願，她就利用哭、鬧方式吵我，我不理會。結果，她用更激烈的方式——「自我傷害」，用自己的額頭撞地板威脅我。女兒很厲害吧！

女兒此動作，確實嚇了我一跳，但我以冷靜的表情看著，繼續觀察後續的動作，她連續再磕頭碰地兩次，但力道小很多，我便不理她，見此招沒用，女兒就在原地坐著，過不久就自行玩耍去了。

當時心想，因家中多了一位弟弟，可能內心產生一種不平和、不愉快的情緒，鬧脾氣只是想引起我的關注。

當下，馬上陪她一起玩，給予情緒行為發生後，所產生的鬆弛感與舒適感，讓其感到快樂與滿足，使其感受到我還是愛她的！

「別被幼兒的情緒綁架了！」並**不是要做父母的不理會孩子哭鬧，而是要用心去了解，發洩情緒的原因。**

有時大人的忽略，會造成幼兒產生心理學上所謂的退化現象，例如：尿床、不吃飯、愛哭、常鬧情緒、偽裝生病等行為。

孩子若心靈受創，會反應在生理上，需花更多時間修補

記得女兒四歲時的一個夜晚，外子開車在高速公路返回台北路途中，不知什麼原因，女兒在車上吵鬧且動作很大，被外子制止不聽，影響開車安全，外子火氣大升，馬上在車上痛打女兒一頓，很有效！女兒馬上停止了哭鬧。

表面上看起來可能沒事，但後遺症出現了。

原本大小便訓練完成後，就不曾再尿床過，但自從打了她的三天後，女兒開始尿床了。

告訴外子關於女兒尿床可能的原因：女兒內心產生恐懼，以及內心那份不平的氣依然存在。要想辦法彌補！

從此和外子協定好，不再因孩子情緒上的吵鬧打小孩，只能在品德、社會行為規範上出問題，才能體罰。

急就章是要付出代價的！外子一時的情緒失控，造成孩子小小心靈受創，把情緒轉成生理反應。

我們花了兩、三年的時間，用愛慢慢彌補過來，讓女兒感受是被愛、被接納的。尿床就不藥而癒了。

愛是人類原始的情緒之一，及時的愛可以彌補生活中許多的不足與殘缺！

聰明的人從別人的經驗中學到經驗，希望看過此篇文章的父母都是聰明人！

5

陪出
解決問題的方法

孩子每個行為的背後都有其真正原因，
父母應該認真的看待並找出原因來，
才是真正解決問題，讓孩子得以成長的好方法。

01 孩子為什麼會說謊？

孩子會說謊，相信困擾著許多家長，我們家兩隻小時候也常說謊，尤其是那調皮的兒子，說謊的技術高超，有的到長大後自己爆料，我們才知道。

孩子承認做錯事卻被罵，是導致慣性說謊的主因之一

一位港媽提問：

徐媽媽你好！小兒（未上小學）指著課本上的一行字，他說：「這頁的字是我寫的。」

當時我心裡有點不信，覺得可能是老師寫的，但是：1. 我不能表現我不信任他所說的話；2. 我不能認同讚美他就算了。

但我下一句說：「真的好靚。」

他回應：「是呀！因為我慢慢寫，很認真喔！」

我說：「不如我問一下老師，你的字是否好靚？他臉色變了。」

這位媽媽做得很好，和孩子講道理，讓孩子明白「想要有人稱讚就要經過努力，認真地去完成，不是拿人家的功勞」。

但她憂心的問：「我真是有心傷的感覺，他那麼小就懂說謊言，還說得像樣的，品德很緊要，如何教？」

如果是我的方法，也不會直接戳破，也會先稱讚，並當場請他再寫一次，「要一模一樣的喔！」來釐清真相。

如果一樣，就更大力稱讚他。

如果不一樣，就請他說明原因。再視情況講道理。

這年紀孩子說謊是正常，我們家兩隻小時候也會，姐姐三四歲時，說謊甚至面不改色。

長大的兒子說：「孩子六個月開始就懂得用哭來說謊欺騙大人了，是我在某本書中看到的！」

兒子爆料他小時候說謊更是頻繁！

我很好奇的問他：「你為什麼要說謊？還有，最後為什麼你會改變？」

「小時候說謊，是因做錯事，誠實告之，反而被你們唸！

我怕被唸，所以說謊！

結果，發現說謊反而不會被罵，我只要做錯事，就開始想理由說謊，愈說技巧愈高招，你們都沒發現。

到後來，有一次做錯事『說實話』沒被罵，我才開始選擇說實話，漸漸的長大，從國二開始，就不做『欺騙』、『說謊』的行為了，覺得說謊對不起你們，也對不起自己。」

小小孩是一張白紙，他們為什麼會說謊？兒子的理由竟然是這麼簡單，「**做錯事，說實話反而被罵**」！

原來兒子小時候的說謊，是被我們的不懂，「罵」出來的！

面對說謊，即使父母發怒、緊張，也於事無補。

孩子一個行為的背後都有其真正原因，父母應該認真的看待並找出原因來，不要隨便訂孩子罪名、貼標籤而冤枉了孩子！

原因可能有：大人忙，陪伴孩子時間不夠；孩子想要引起大人的注意；或是父母給的功課、才藝太多孩子負荷不了；以及日常生活中，大人善意的謊言說太多被孩子學起來等。

了解原因，對症下藥才是釜底抽薪的方法。

要知道孩子都很聰明，大人上有政策，小孩下有對策。

了解說謊的原因並解決，是讓孩子不再說謊的關鍵

分享兒子小學時的一則故事：

小二開始就自備愛心午餐由外子送到學校給兒女，當媽媽的我怕兒女吃不飽，準備的量會多一些，兒子曾吃不完帶回來，我會問說：「怎麼沒吃完？」

兒子：「太多了，吃不下。」

我說：「聽你在亂講。沒吃完，浪費食物。」往後兒子再也沒剩飯回來，除非有正當理由，也一直相信他每次都有吃完，也認為幫他帶太多是個藉口。

事隔多年，兒子有一天在聊天中爆料：「我以前的便當很多時候是倒在學校的廚餘桶裡。」

我說：「很多事都被你騙囉？」

「妳現在才知道喔！」

「為什麼你要這樣做！」

「我講了妳又不相信，又說我浪費食物。」

「那是你只講一次，之後每次回來便當盒是空的，當然認為你在亂講，當初如果不要怕被唸，每天帶回來，我就會知道真的帶太多了。那你倒掉不會有罪惡感嗎？」

「會啊！倒一段日子，心裡不踏實，覺得罪惡，所以最後就硬撐完。」

「這叫玩火自焚！」

想想當時的我也犯了一個錯，不懂得聽孩子背後真正原因，沒有**以信任的眼光看待孩子，用心去發掘隱藏孩子行動背後的意義**，導致兒子有如此行為。

當時如果我們發現，可能也會以「孩子說謊」來定案吧！

說謊這是大腦保護自我的機制，所以你我皆會說謊，謊言分成蓄意、善意、惡意，**了解孩子說謊的背後理由是什麼才是重點！**

孩子說謊大都是善意的，不是想要被讚美，就是怕被處罰。

對於這種說謊不用大驚小怪，慢慢引導講道理就好，不必小題大作，不然問題沒解決，心靈反受傷害。

面對孩子的說謊，只要大人身教夠、耐心夠，好好和孩子講道理，發現一個就解決一個，長期下來，孩子就會扶正。

這是父母要親自陪伴、帶孩子的原因，自己的孩子自己了解，才會用心教他。

02 陪出孩子寫功課不拖拉

找出寫功課慢的原因，陪孩子建立好習慣

一位小四媽媽問：「孩子寫功課東摸西摸、拖拖拉拉，寫完學校作業已經沒時間預習及複習功課了！每天都要和孩子奮戰，才能勉強完成。為何孩子寫功課都東摸西摸、拖拖拉拉？

我女兒剛上小一，一切都還可以，但是做什麼動作都很慢，吃東西也慢，寫字也慢，做功課也慢。感覺不是故意的，態度也沒太大問題，但真的是慢得太誇張，在寫作業、考試很吃虧。想請教徐媽對於這種情形，有什麼看法和建議呢？謝謝您。」

這是許多為人父母的心聲。而這頭痛的問題，大都出在從小沒有養成良好的習慣所造成。

建立好習慣是必要的，但當不好習慣養成了，當務之急是找出造成孩子動作

慢、拖拖拉拉的主因。

我女兒在小一左右也是什麼都慢，吃飯慢，寫功課慢，也曾處罰過，但都沒什麼效果，個性使然。

所以徐爸才衍生出利用吃飯看英文電視教學。考試慢，這部分只要透過長短程（徐爸第四本）練習及獎勵，**讓她對分數有感，也要幫其節省時間，漸漸有成就感後，會改善許多。**

做得好，到國中會完全不同，我女兒國中就較正常，在於她想要分數的成就感。現在？快得要命！我兩個到大二都是第一名，太好笑了，就是成就感，想要，習慣了。

有一次女兒吃飯時，拿著湯匙撥弄著碗內的濃湯，弟弟看到了說：「姐！妳吃不下囉！」

女兒好奇的問：「你怎麼知道？」

兒子笑著說：「看妳拿著湯匙撥來撥去的動作，這是吃不下或不喜歡這道食物的動作，而這是妳愛吃的，所以答案是另一個。」

女兒因吃飽吃不下了邊吃邊玩。

孩子動作慢一定有他們的原因，這問題的形成大致原因有：

1. 先天氣質調皮、愛玩。
2. 學習太多，寫完了還有其他功課（這父母心急的原因徐把拔也犯過，壓縮到玩的時間，但找出原因改進後，兒子動作就變快了）。
3. 孩子比較聰明，對簡單的學習沒興趣，沒挑戰性、無聊、不想寫。
4. 功課不會寫因而不想寫。
5. 沒得到滿足，父母完全禁止打電動，腦子總是在想玩的事。
6. 學習遇上瓶頸產生的一時情緒。
7. 寫功課很無聊，沒有人跟我聊天，心情不好就不想寫。
8. 真的不想學習。

找出寫功課的目標，孩子自然會把動作加快

兒子從幼兒期開始就會邊玩邊寫功課。一開始會唸、將玩具收起來，他還是能玩文具（鉛筆盒），到最後收到只剩一枝鉛筆、一個橡皮擦還是能玩。他非得惹得我頭頂冒煙、怒髮衝冠、爆發怒吼才收手。

最後發現妳愈理他愈是調皮，所以就不收東西也不生氣了。只要不影響自己的功課及姐姐就不理他。

長大後我曾問兒子：「為什麼你從小寫功課都要一邊玩玩具，就不能好好的寫完再玩嗎？」

兒子：「有嗎？我忘了！」

「怎麼會沒有，你從玩具玩到文具，我一邊收到剩下一枝鉛筆、一個橡皮擦還是能玩。」

兒子：「啊！有耶！這個我有印象，我記起來了，有這回事。」

我問：「那為什麼當時你會有這樣的行為。」

「一方面覺得寫功課是很無聊的動作不想寫，一方面看妳生氣、收東西的行為很好玩。」

「你的答案我早就知道了，所以後來就不理你，也不跟你生氣了！」

「對呀！害我都沒得玩，一點都不好玩。」

還有一次在孩子小一小二時，外子自己也犯了全天下父母都會犯的錯誤，兒女平時功課寫完後，會再分配其他作業。兒女開始抱怨，認為快也沒有用，接踵而來的是更多的功課，倒不如慢慢來比較划算。這是造成他們動作慢、拖拖拉拉的主因。

找出原因後，外子改變作法和孩子約法三章，**事先言明指定功課做完，其他都是他們的自由時間。孩子有目標後，動作自然加快，不會拖拖拉拉。**

03 陪出成就感，動作自然就快了！

找出動作慢的原因，再對症下藥才會有效

有位媽媽說的情形也發生在我兒子身上。

她孩子原本很自動，上星期開始做功課拖拖拉拉，不用半小時做完的功課可以拖到九十分鐘才做完，數學又說太簡單、太悶，中文又說不喜歡寫字，連最愛的英文功課也是如此。平心靜氣對他又沒用，要做完才可以看心愛的卡通也沒用，最後連罵都用上了也沒用，不知如何是好？

有的孩子好勝心很強，總想挑戰難的來表現自己的優越。

像我兒子一樣，寫自己的功課拖拖拉拉、意興闌珊，聽到姐姐不會的題目卻很有興趣，因挑戰性高、興致勃勃而動作超快，很快就完成。

我兒子邊玩邊寫功課的原因是上一章(1)(2)(3)，你孩子呢？找出原因就能解決問題！

面對寫功課拖拖拉拉、動作慢，只要父母有耐心的去觀察他們的動機與心態，找出原因對症下藥後，大部分的問題都會自然迎刃而解！

冰凍三尺，非一日之寒，問題沒解決，長久下來養成了壞習慣！

許多父母等到問題出現了，才要求孩子改掉壞習慣。

然而父母只想求速成的方法，怎樣才能讓孩子寫功課動作快，老實說真的沒特效藥，**從小沒建立好習慣態度，長大了再來要求這些基本態度，要花的時間更多。**

習慣一旦養成，要打破是很困難的，父母要加倍花時間來陪伴孩子，才能建立新的好習慣。

壞習慣不是不能改變，孩子的改變也要大人的參與才能完成，但行百里路半九十，往往都是父母先投降，不先檢討自己卻怪孩子沒態度。

讓孩子在進步中找到成就感，動作自然就會加快

另一位媽媽感謝的說：「謝謝您告訴我心不要太急慢慢來，找出原因改進。我聽了您的話，最近孩子進步許多。」她當初跟大部分心急的媽媽一樣打電話向我求救，說孩子寫功課一會兒捏橡皮擦、一會兒發呆、一會兒……，寫功課總是動作慢、拖拖拉拉……。

這位媽媽找到真正的問題是上一章的(4)(5)，因她努力參與，用對的方式陪，看見孩子的進步因而喜悅。

還有一位在FB問我：「徐馬麻想請問妳，孩子小二了，在這之前寫功課或做家事都很自動，只要稍加提醒就可，但最近不僅態度差，也一直不寫，被老師罰抄課文也遲遲不交，直說討厭抄課文，但被罰也必須寫，不是嗎？請問這該如何是好，是正常還是我該如何修正？」

是正常還是孩子在轉變？該如何修正？每個孩子個別性不同，轉變很快，原因也很多，之前提到感冒發燒一個禮拜，孩子身體、心理機能都在修復，或是學習遇上瓶頸產生的一時情緒，這都可能是參考原因之一，真正的原因這要靠自己多陪、多留意，自己找出真正原因來。

動作慢的孩子，他們就是動作慢，你要求他們快也快不來。

心若比較，處處都有怨言。不是孩子動作慢，是父母的心太急。

心若放寬，時時都是春天。孩子即使只有進步一秒鐘，我們也要給予大大的肯定與鼓勵！

不是一直嫌孩子動作慢，培養成就感才是重點。

許多事，孩子有「成就感」後，動作自然就快了！

04 孩子粗心不要小題大作

大人也會粗心，腦部發育尚未健全的孩子更是如此

粗心大意這種「症頭」，大人都有了更何況是孩子！

一位媽媽說：「我家兒子是個粗心大王，作業不是看錯、做錯，就是漏做，數學也常常看錯計算符號，應用題只做了上半題，剩下半題忘了做，無論怎麼提醒要細心都沒有用。」

呵……，這好像在說我家兒子喔！

其實家有這樣的孩子真不少，粗心，我家兩個小孩，一個也沒漏掉。

粗心的原因有：

1. 大腦發展尚未健全。例如23減19，隨口答來一定不會錯，但二年級孩子就可能錯，因為大腦還沒形成自動反應，和先天大腦不成熟有關，所以長大後，粗心會慢慢減少。

2. 粗心和習慣有關，就是不當的教養養成，例如過度照顧、包辦、溺愛、縱容，沒有規矩。平時作業馬虎，粗心慣了，大人沒有要求！

3. 先天個人性格。

4. 還有一種粗心經常跳字、跳行、看錯題，321看成312，有可能感覺統合的平衡發育問題，也就是大腦前庭發育不良所造成。

如何看待孩子粗心的問題？

六至十二歲腦部發展尚未健全階段，粗心大意是常見的通病，此時期可以不要小題大作。

還有一種，如果說孩子的基本態度已養成，本身自我要求就很高，但考試還是粗心，自己已自責不已，當父母的還忍心苛責嗎？

有一種粗心是看到題目，大腦直接反射，答案就寫下去，結果當然是錯。這種在我女兒、兒子小學時常常發生，連到現在兩個都大學，同樣的情形還是發生。

記得女兒小時候，只要是兩位數後面有3減9的，尤其是23減19永遠都是5。考前特別叮嚀叫她小心，考出來還是錯，女兒錯到實在太離譜，外子就給她取個外號叫「23減19」，不是不會，但當下就是粗心，這類似情況一直存在。

國中時，女兒數學考試幾乎張張滿分，要考基測時，我幫她剪錯誤的題目下來複習時，發現錯的題目幾乎是粗心題，而且是比大小排列的白痴題型。

到了高中，還是同樣發生比大小的粗心問題，還有一次，高一的女兒回家大聲嚷嚷：「媽，我最厲害的是『粗心』，這個禮拜小考都是錯一題，不是題目看錯，就是『2m x m=3m，8m x m=9m』，妳知道嗎？就這樣八分沒了。」

「媽媽我是沒有生加減乘除的基因給妳嗎？」

女兒竟然大言不慚的說：「以前是加減算錯，現在是乘除錯，Level不是提升了？妳看，沒有人有辦法呢！」

這樣的粗心是小學生的權利，到了高中還這樣，還好我不是個重視分數的媽媽，要不然，真是會昏倒！

偶爾粗心沒關係，但若態度不對，就要全力矯正孩子的觀念

說到兒子的粗心更是頻繁，粗心種類數不清，題目可以看錯，明知答案是A，偏偏選B，小二時，人家是對的請打O，錯的打X，他只有打O沒打X，整大題十二分不見，原本可以全班唯一的三科滿分，因這大題就扣12分，我想當時徐把拔一定氣得牙癢癢的。

經過小時候的粗心經驗，長大的他也沒好到哪裡去，一次在科奧決選營時，考試曾經忘了翻面，整面沒寫，也丟了二十分，高一時考國文，也忘了翻面寫作文，十八分沒了！

你說我兒子不在意這些失分嗎？他可比我們還在意呢！可是就是會莫名的粗心，每次自己都在「捶心肝」。我看了也很難過，因為他真的不是故意的！

有一種是態度不對，只要小心就能避免粗心，但態度就是輕忽，隨隨便便、不在意，令人氣得牙癢癢的還覺得無關緊要。

如果孩子「態度不對」，一副不在意的行為，當然要「小題大作」。

兒女小時候，剛開始寫作業粗心時，我可是非常重視他們的學習態度，馬虎不得的！

面對兒女長大的粗心，只因看到兒女的努力，學習態度合乎我的標準，盡力就是滿分！對於他們的粗心我平常心看待。

聽完我家姐弟粗心的故事，家有粗心小孩的您是否能釋懷些？

有些能，但有些非常注重分數的家長們，要放下真的很難！

成長背景的不同，牽引著一個人的觀念與特質。

每個人都有他「放不下」的地方。

要放下真的很難，也是一大學問。

只能說盡力做就好。

時間到了，自然就放下了！

人的本性，總是看不慣別人的行為、總是想要別人照著自己的想法去做，達成自己設定的目標。

尤其是當父母的，以前的我也不外。

「粗心」人人皆有之，它反映出孩子的狀況，父母應適時給予鼓勵與引導，找出好的方法陪孩子，而不是責罰。

如果父母太重視分數因而破壞親子關係，誰都不好過！

用愛，多看看孩子認真努力的態度！

用心，多想想孩子已經盡力，「逼」也沒有用！

05 如何避免考試粗心？

粗心這一塊要如何矯正？明明考前就一再提醒，但考試時卻又犯一樣的錯，真是令人頭痛，我們也不例外。

兒子有次考試回來，我問他：「你今天考試有粗心嗎？」

「我有檢查，頂多有一題對的把它改成錯而已。」

原來他「在意」，有檢查真的就會降低粗心！

粗心人人都會有。

如果遇到人生重大考試的粗心，有時一兩分就會影響一生。

預防考試粗心，最好的方法是檢查

我們家兩隻大考前，我都會搜集他們平常各科錯的題目（這就是我同學口中的武林祕笈——「錯題本」），你會發現這些題目不是不會，都是粗心來的！

這些題目，大考前一周拿出來複習，如果再錯，再搜集起來，考前一天再給他們寫，重點複習提醒他們容易出錯的地方。

考試當天再次叮嚀容易錯的題型，儘量把粗心降到最低就是了！

有天，我問長大的兒子：「我發覺你高中的粗心比小學還要多呢！為什麼？」

兒子爆料：「國中、小學時我死要分數，自從那只有打O，沒打X的失分後，每次考試我都非常小心。高中後，覺得要那些分數沒用，想法比較重要，所以常常寫完都沒檢查，就這樣！」

我請教他：「當時你是怎麼讓自己不再粗心失分？」

「有心、想要分數時，就不會粗心。**考試時預防粗心的唯一方法還是『檢查』！**」

「有時檢查也會錯，你如何避免這種情形？」

「用同樣方法是檢查不出來的，有時愈簡單愈容易錯。理科解題可以用不同方法檢查，檢查了還是檢查不出來就認了。」

我問：「如果是選擇題A，選成B，這種粗心呢？」

「第一次寫答案時將答案寫在題本上，檢查時將答案圈出來，這樣兩相比照，就不會A寫成B了。」

如果是填充問答題，就將題目要問的關鍵字圈出來，這樣就能避免失分。不過最好的方法是養成好習慣。」

選對方法和順序，輕鬆養成孩子不粗心的好習慣

兒子突然話多，我繼續問他小時候的經驗，怎樣的情況下會專心寫功課，降低粗心。「小時候如果寫完功課就可以看卡通，這樣會不會比較不會粗心？」

兒子說：

「如果是寫完功課就可以看卡通，這樣我會寫得很快、亂寫粗心的錯誤更多。妳可以這樣說：『寫完我檢查通過，你就可以看卡通或是玩你想要玩的遊戲。』這樣我會更專心，可以降低我寫功課錯誤的機率。

還可以這樣說：『再做幾題或是再寫幾行就能玩。』但這要在身體沒有疲憊的情況下才有效。這種有立即獎勵的積極狀態能幫助我集中注意力。

還有一種情形會比較粗心，就是卡通時間快到了，因為我的心已不在功課上了，所以安排寫作業最好在與小孩利益沒衝突的時候。心定才能專心寫功課！」

兒子繼續說：「有一種孩子，就像我寫題作答時完全憑直覺，寫完後也不會主動檢查，而是等著父母或老師打錯時才願訂正，但自己從不主動檢查錯誤。這時，

大人要開始對孩子提出要求。」

「怎麼要求？」

「妳忘囉？妳當時要求我：**1.放慢寫作業的速度；2.自己必須檢查；3.做一題檢查一題，確定沒有錯後再做下一題。**妳不知道當時我可是很不耐煩的！」

「哦！對喲！」

我想起當時情形，**剛開始時，孩子肯定會很不耐煩，父母要比他們更有耐心，時間久了，養成了檢查習慣，粗心大意的情形自然就會改善。**

最後兒子說：「有時粗心是無法預防的！『粗心』包含著運氣，也就是『人品』。」

我回答他：「也就是說平時要多做好事、說好話。」

「類似！」

這是出自於他內心的肺腑之言。呵…，想不到，這小子的心得比我多。

要降低孩子考試粗心，從小就要和孩子比耐心，父母夠堅持就能養成孩子的好習慣，「粗心」是可以改善的，父母對自己和孩子要有信心，加油！

06 改善粗心我這樣陪

孩子粗心考試丟分，困擾著許多家長，考驗著親子關係及氣氛。

我不會說粗心沒關係這種安撫大人心情的話，因**早期粗心不改善，長期下來會成為壞習慣**，正向看待孩子的粗心，可以反映出的學習狀況及大人教養的態度。**粗心是通病，只要給孩子自我反省及教孩子改正錯誤的過程，基本態度對了，長大會慢慢改善的。**

父母應找出孩子真正粗心的原因，適時給予引導鼓勵，降低粗心的情形。

現在大多數的父母都會幫孩子檢查回家作業，通常為了節省時間，直接幫孩子指出錯誤的地方，這樣容易養成孩子粗心的行為。

我贊成孩子寫完作業要檢查過，因為這個動作好處有很多。

父母能從中了解孩子的學習情形，孩子今天學了什麼，會了嗎？錯在哪裡？為什麼錯，是不會還是粗心？以及同理孩子為什麼會粗心！

但我不認同直接把錯誤的地方圈出來，這樣容易造成孩子寫功課隨隨便便，反正錯誤有爸爸、媽媽幫忙指出，這樣容易養成孩子粗心的行為。

我不怕麻煩，作業我會全數檢查，如果有錯只告訴他們這頁有錯，錯幾題請他們自己檢查，訂正好再拿回來檢查，訂正到對為止。

在改正錯誤的過程中，也是探索成功的過程，這樣也能避免他們在寫功課時敷衍了事。

在檢查的過程中會發現，我們大人也會粗心，有時孩子錯誤的地方沒檢查到，隔天孩子會回來質詢你為什麼沒有檢查到，害他們失去了分數，此時你就能同理孩子考試為什麼粗心了。

對孩子的粗心用正面的態度面對，才不會使孩子喪失自信

有時練習太少，手感不夠真的會粗心失分。

練習多寡則有孩子個別能力上，以及個人認知上的問題。

就像一位媽媽和我聊天，她說：「平時給孩子的獎勵都不高，像上周我兒子幫忙大掃除一整天，我給他一千元。」

我一聽，反問那位媽媽：「幫忙大掃除，妳就給一千元這麼多？」

「可是他幫忙一整天耶！」

這位媽媽獎勵的金額多寡認知和我不一樣！

我們家平時的練習是各科都寫一本手冊（參考書）及評量。

考試粗心和天性、平時習慣有關。考前可以提醒孩子平時容易出錯的地方。

但提醒歸提醒，孩子有可能考出來還是錯，我們家兩隻就是如此。

因為從小建立他們正確的學習態度及足夠的練習，所以我不認為他們的粗心是心不在焉，對他們粗心也較能釋懷。

研究指出，**父母對孩子粗心過多的批評與指責，不僅不能解決粗心問題，還嚴重地強化了孩子內疚、驚慌、恐懼，進而喪失自信心。**

孩子自信心的建立是很重要的，父母千萬別為了一兩分，讓孩子一輩子活在挫敗當中。

07 「陪」養出孩子的訂正力

讓孩子自己找出錯誤，才是訂正的正確態度

不要小看訂正這個動作，這是培養孩子能力的一種。

訂正是一開始學習時，一定要養成的好習慣，不要怕錯，訂正就好。

作業或考試錯誤的部分，訂正是很重要的學習，孩子必須先自省，找出到底是錯哪裡？一個步驟接著一個步驟思考、修正、再思考，這也是從小培養延伸思考力的開始。

這點在孩子小時候，我執行得非常澈底。

他們小學的作業寫完都會拿來給我檢查，我不會直接告訴他們那裡錯，自己找出錯誤的地方，訂正完再拿給我檢查。

讓孩子自己找出錯誤的地方，才不會一錯再錯，可惜許多父母心急為了趕時間，幫孩子找出錯處。

我從小就告訴兩個孩子：「**考試不要怕錯，唯有把不會的弄懂，才是真正的學習！**」

目前我家兩隻不管寫作業、學校考卷，只要有錯的地方，一定找到正確答案，不會因考試考完、分數算完就算了！

訂正的養成過程，可提昇孩子對挫折的忍受力

有次高中的兒子期末考試回來，一直研究一題不懂的數學題，花了一個多小時還沒有結果。

不瞭解兒子的外子說：「明天要考歷史不趕快去讀，還在研究考完的數學。」

我告訴外子：「那你真不瞭解他，今天不懂的問題沒讓他解出來，即使歷史被當，也不在意。他一定要找出錯誤在哪裡！不懂！？」

過了不久，兒子：「花了將近兩小時，只為了證明一個小錯誤！」兒子終於解出來了。

外子：「趕快去讀歷史。」歷史是兒子的罩門，怕被當。

兒子：「我現在，在算化學。」化學今天也考完了。

哎！只能說外子真的不瞭解兒子，哪一次，考完當天不是在研究不會的題目，研究出來才會去讀書！

兒子說：「整份考卷的重點就是在錯的部分，確定自己錯了，訂正的時候不能事先看答案，要自己先想過，才不會被答案給騙了，自以為會了！」**兒子的訂正都是考完試，當天回家馬上自行研究錯在哪裡，完成他自己訂正後的一百分。**

長大的兒子將「訂正」發揮得淋漓盡致！

沒有訂正，這份評量或考卷就白寫了，因為會的還是會，不會的還是不會，這樣寫考卷、評量有意義嗎？

訂正是習慣、態度、思考力的一種。

訂正的過程需長期訓練且花時間，孩子也許會經歷多次的失敗。

從無數的失敗中，可以磨練孩子明白人生的曲折，懂得成功的艱辛，這也可以提升孩子對挫折的忍受力。

6

孩子不同，陪伴方式也不同

每個人都有其優缺點，
教孩子發現自己的優點，改進自己的缺點，
學習人與人互相尊重與包容，才是陪伴的重點與正確方式。

01 孩子不同，陪伴也不同

每個孩子的強項不一樣，有些擅長背誦，有人注重理解，有的喜歡天馬行空，屬思考型（慢吞吞型的）。

孩子小時多多觀察，不必聽專家最好的，而是選擇最適合孩子的方式。

女兒尚未上國中時，徐爸心中一直有個疑問：「為什麼弟弟辦得到的事，姐姐卻不行？」

徐爸以前沒有資質和天分的概念，不大相信人有個別差異，認為只要認真努力沒有成績上不來這回事，但經由女兒的磨練，現在徐爸知道，也認同了，還分析得很透澈，而且會個別引導、啟發各種性格的小孩。

剛上國中的女兒一下課，徐爸一定載到店裡，由我引導國文課文及解釋，持續半年後，下學期她已能自己摸索，不需依賴我。

但很奇怪，女兒課內小考成績都不錯，可是大張測驗卷分數總是不好。我和徐爸去找導師溝通結果，原來是人文統合不好，要加強閱讀。文科統合能力不好，記憶力又弱，讀起書來真的很辛苦。

記得弟弟上國一時，國文版本和姐姐一樣。他突然問我課本上的一句成語：「媽，什麼叫鐵硯磨穿？」

我反問姐姐，因為這句成語一年前和她磨了近一個月才完全了解。但她又是一臉狐疑：「有這句成語嗎？」

兩個月後，看到電視一個相關成語，馬上又問「鐵硯磨穿」？只見她一直笑的表情，外子和兒子都準備要跌倒了，她還在想。

一個「鐵硯磨穿」可以問一百遍錯兩百次，隨時問，隨時錯。爸爸真想撞牆，弟弟笑翻了天，我能理解姐姐記憶弱的無奈。

當時的心情我能體會，所以很有耐心的指導、幫助她成為長期記憶。

有一次歷史破天荒考了四十五分很難過，我怕她太傷心還安慰說：「沒關係啦！那表示今天學得很多、釐清很多觀念啊！」她已很認真了，怎忍心責怪呢？

讓孩子每天和自己比進步，能力就會慢慢提升

有一位很心急的媽媽打電話問我：

「上國中的兒子也是國文不好，課本上小範圍死背、死記的都能考九十多分，但大張考卷統合性題目卻不理想，常考四、五十分。」

這情形幾乎和我女兒一模一樣：

「小學的國文考法和國中本來就大大不同，考不好？很正常啊！我女兒國一也曾遇到瓶頸。但知道孩子在課內及老師規定該背的，都有下基本功，肯認真就好。其他每天固定時間閱讀，不要太心急，每天跟自己比有進步，日積月累，能力就會慢慢提升，我也是跟女兒這麼說的。」

她感動的說：「好感動喔！我以為會被你笑呢！」

「你忘了啊？我女兒歷史曾考四十五分，滿分還一百五呢！」我和她聊了好久，終於解開她心中的結，滿足的掛上電話。

已經很努力了，這樣的人，你跟她生氣有用嗎？沒用！我用耐心面對女兒，不會？沒關係，再教一次；今天不會？明天再問，同一個問題曾有連問三周的紀錄。

竹子是一節一節長出來的，女兒真的是一塊磚、一塊磚，經由我們夫妻倆用耐心硬疊上來的，每一刀都要砍好多次，她才能有深刻的記憶。

瓜無個個圓；人無樣樣全。我成長的過程中在語文統合及記憶方面跟女兒一樣，很努力但分數就是上不來，我也看到我許多同學數學怎麼練習分數也上不來而求救於我，所以能理解資質的差異，弱者的辛苦。

徐爸雖沒學歷，但我猜想他應是全科資優生（但他至今不承認），在他的認知裡只要努力分數就會上來，所以一開始也很重視分數。

我和徐爸在**陪伴方面雖有些許不同，但都強調「過程」一定要盡力、努力。**

02 文科，我這樣陪女兒

這做法很笨，但很踏實。

女兒歷史考了四十五分，我開始陪讀歷史，要知道資質平庸的我怎麼陪的嗎？

哈哈，當然方法也很平庸，且很基本又耗時。

文科分段看，再分段問重點，直到完全對為止

首先，拿出課本自己先看過一次，再來分段要女兒課文一段一段慢慢看，看懂內容後，用自己的想法講出內容。

整課的內容都是這樣請女兒消化過自己說出來。課文看過一遍後，再來，我一樣**分段抽問重點，不會的重新看整段文章並把重點記住。**

再將課本內的圖片內容看過記住，如此這般完成整課。

女兒文科的統合能力比較弱，我還要她畫出各朝代的年分、重要人物及發生的

大小事，女兒還自製筆記。

我知道這樣做對女兒幫助有限，但至少能拿到基本分。

很多人會說這樣做很累，但不做我心會過不去且會更累，而且日後會後悔。

我知道這樣做很笨但很踏實。

許多家長只羨慕我們孩子的成果，卻不學習我們的耐心及堅持的態度。

一位家有資優生的媽媽問我國文如何陪？

一步一腳印這方法適合我女兒，但不適合資優孩子。

資優的孩子只要盯緊不要玩瘋就好。

他們的時間一定很多，多排閱讀時間，小學做好徐爸長、中、短程不補習法就好，但一定要落實。

國文先唸過課文，了解課文大意，按部就班讀完內容

國文該如何陪？

我女兒的記憶力「嚇死人」，是出了名、眾人皆知的，我曾問她什麼叫侯門？

她猜「很大的門」。

不對啦！侯門以前是大官的住宅，後來引申為有錢或顯貴的家庭。

我解釋完十秒後，再問一次：「什麼叫侯門？」

「很大的門。」我們全笑倒在地板上。

首先，我先請她把課文唸過一遍，講出課文大意，認識新的單字，再來背解釋及成語。

再來一樣，每個成語解釋她自己看過，找成語故事給她閱讀或說給她聽。

接著就是抽問，不會的問到會，一個「鐵硯磨穿」可以問一百遍錯兩百次，隨時問，隨時錯，我還是很有耐心的隨時抽問，這樣基本分一有，剩下的就靠平時多閱讀及天分了。

這樣陪，在有些人的眼中是不需要的，但我要陪的不是孩子的成績，而是做事的基本態度。

陪伴的過程酸甜苦辣都有，箇中滋味走過的人才能體會。

03 數學，陪出孩子的自信

數學不只是數字的計算，也要解讀能力，更需邏輯、空間、推理思考的能力。

理科強的孩子最容易以努力陪出孩子的自信。

一位國二同學月考剛考完，數學成績不及格。

媽媽決定來我們家上六小時的課。

經由評估孩子聰明度沒問題，是態度出問題，導致沒有成就感。

我試著讓他跑在老師之前，先自學預習。

這孩子一直懷疑自己的能力，中途想放棄！

在寫的過程中我沒教他，我只是告訴他：「你不要覺得有壓力，試著先自己看參考書內容重點，再寫題目。這不是為老師或父母寫，而是為了你自己而做，你一定可以！不會可以問。」最後終於完成一課預習。

我一直告訴他，只要願意付出認真學習，數學考個八、九十分絕不是問題！

他竟然很沒自信的回答：「怎麼可能？」

我鼓勵他說：「不試試看，怎麼知道可不可能？就這一課吧！把不會的和粗心的留在平時的練習。試試看這次小考的成效如何？體驗一次看看就知道了。」

不到兩個禮拜，分數出來了，他媽媽報佳音，數學這週小考，竟然考了破天荒的九十五分，全家都很開心，學習力動了起來。

有了成就感，自信上來，原本放學回家就會先看卡通一兩小時的他，現在也不看了。

營造孩子成就感建立信心有多重要啊！

這是最好的例子，但非個例！

一般孩子都很聰明，數學這一門只要從小建立好學習態度，要拿高分不是問題，我家姐姐就是個很好的例子。

我只是清楚讓孩子知道，學習是本能，不用老師教，自己看就會懂、就會寫、就會算。

數學自己看、自己解，真的不會再出手協助

我請他**自己看、自己寫，對於錯的題目，只請他再檢查過或重新唸過題目，就能找出錯誤，真的不會再看解答解析，如果再不會就幫他找資源問。**

整個練習過程中，大部分都是由他自己完成，孩子在過程中是愉快且有成就感，信心自然大增，因此提升了自信，增加學習興趣。

這位媽媽在兒子段考前，打電話告訴我：「我兒子非常有信心的告訴我，他今天數學要考滿分。」

段考後雖然沒如預期的一百，但比考一百還高興，因之前數學只要考很難，他都只能拿四、五十分，這次他考七十分，全班最高才八十五分。

不到一個月的時間，校排名從一百二十幾進步到七十幾，成就感上來，孩子信心大增，但也擔心下次掉下來怎麼辦？

這位媽媽想要其他科也並進。

不要急，一科一科慢慢來，先建立孩子穩定的成就感及信心，提升孩子的學習興趣最重要。

這是我多年來教媽媽們的獨門方法唷！每個都說很有效，大家可試看看。

二十幾年不見的同學，去年六月中，在偶然的機緣下接觸到我們的書，看完七本書後，她打電話問我方法。

數學科我也一樣這樣教她。

過了一個月，她告訴我：「親愛的同學，你們的方法真的有效！這次數學兒子考了滿分，他非常高興！總平均97.2進步不少……，其實分數不是最重要，重要的是他已建立自信，而且學習的態度也變為積極。」

有些種子需要悉心照顧；有些只需要一方土地，偶爾澆澆水就好。**改變一下自己的觀念，不是孩子不會，做些您認為不可能的事，或許就是個改變的契機。**

怎麼可能？

在我們家永遠有一句話，「**不做永遠不可能，做了就有機會、就有可能。**」

04 要當橡皮擦媽媽？

字是可以下功夫訓練要求的！女兒現在的字人人稱讚，至於兒子的字則停留在小學二年級，甚至更醜。

女兒的字好看，也是我堅持來的，但我不是橡皮擦媽媽，也不會亂堅持用在兒子身上。

讓孩子注意寫字的結構和小細節，但不當個橡皮擦媽媽

兒子小學二年級的字，談不上漂亮但整齊秀氣，相信只要有心，絕對會像姐姐一樣漂亮。

三年級的姐姐字跡退步了，不是太大就是太小，比弟弟的字還醜。

和外子商量達成共識，共同要求姐姐的字跡，一筆一劃慢慢寫，一路堅持下來的結果，現在姐姐的字是人人稱讚有加。

我們只有口頭告訴她，下次要如何改進，每天注意字跡，一直到國中一年級的字定型，並沒有當橡皮擦媽媽喔！

反觀兒子我們沒要求，現在的字比小學二年級還醜！沒要求是有原因的：

小三時，上資優班真的很忙，為了騰出更多時間玩，在字跡上下的功夫相對愈來愈敷衍，而小學三、四年級的導師，給兒子很大的發展空間，對於兒子的字只要不是太離譜，作業成績就是甲上，面對這樣，我無法也無從要求。

所以**我只能要他的字不漂亮沒關係，但一定要整齊**。

徐把拔國中班上有一位永遠的第二名，字也是像兒子一樣，一個口字，人家寫得四四方方的，他卻用圈來表示。

要求寫字工整的基本功，就離漂亮字跡不遠

徐爸也自曝：「以前寫字比兒子現在的字醜，甚至比幼稚園小朋友的字還醜。會改變是當兵做文書的工作，被連長叫去說教，『人事士』你字也寫漂亮點。自己字醜覺得丟臉，才下功夫練習寫字，退伍時的字，漂亮到字跡像雕刻的一樣！但現在不常用退步了。」

因把拔他認為這是聰明小孩的正常行為，所以也沒要求。

如果重新來過，會要求嗎？我想應該還是不會，只要兒子不嫌棄自己的字就好，但說實話，心中會有些許惋惜！

字跡是可以練習，而腦袋潛能開發是不能等的！如果兒子有一天在意自己字醜，只要肯下功夫練習會變漂亮的。**堅持也要適才適性！**

有位媽媽問我：「如何不當橡皮擦媽媽，還能讓孩子的字改善，因為我真的是橡皮擦皇后了，每次寫完功課，皮擦屑像小山。」

字會醜是孩子沒耐性，急就章來的！**我會要求工整，寫得慢一點、一筆一劃，要整齊工整不難，就從老師出的國語作業上著手，先一行一行慢慢要求，讓孩子自己去體會，用心寫和急就章的字是不一樣的！**

也可以每天練習寫一兩個毛筆字，不僅能練字還可以修身養性。

只要結構、基礎對，以後想要寫好字，還是可以的！

我家兒子小三開始就慢慢走樣了。但他的結構、基礎還在，目前的字雖不漂亮，但在功課上是整齊工整的。相信他只要有心，即能練就一手好字。

兒子現在也用左手寫字，因結構在，比右手寫的還漂亮。我告訴他只要有心練習，字也會跟姐姐一樣！但他回我：「我沒那閒功夫！」

我也只好尊重，等他哪天自己心裡想要，「鐵杵也能磨成繡花針」。

05 早學或慢學好？

提前學習是為了養成孩子的學習習慣和態度，而不是為了成績

一直被認為我們孩子的學習是大人逼迫出來的，其實一切只是順其自然，在英、數兩科超前些許而已。

我們從這過程中，養成學習的良好習慣及基本態度，這樣少許的提前，女兒在國中完全用完，到了高中一切都跟同學沒兩樣。

而兒子高一拿到奧林匹亞金牌。

有這樣的成果，是一步一腳印提早陪伴而來。

外子曾經私底下說對兒子的預期：「教授或金牌。」對於這兩樣預期，在我眼中根本是天方夜譚，因為我們從小對他沒特別栽培。

大家或許會質疑，這樣叫沒栽培？其實我們這樣還不算栽培，只能稱說特別用心，且是「土法鍊鋼的陪伴」。

人外有人，天外有天。別人的栽培是打從孩子一出生，就規劃好學習路線，閱讀、訓練記憶、音樂、超前學習等。

有位媽媽問：「我家女兒小二，學校下學期才剛學乘法，就看到有些小朋友已經進到除法，這樣對孩子來說真的好嗎？小孩已經好辛苦了，先學就真的好？慢慢來就不好嗎？」

這是許多父母心中的疑問，也是不了解我們的學習方式，而被批評及質詢的地方，讓孩子提前學習真的好嗎？

當孩子有能力卻無法和人競爭時，那種辛酸與心酸，我永遠記得。

兒子的提前跟他們比，可以說小巫見大巫，在六位國手當中，可以說是白紙一張，說白一點，「輸人家很多」。

科奧受訓期間，兒子因實力差人許多，心中自覺被看不起、排擠，引發沒自信、自卑等情緒，常常是孤鳥一隻。兒子因實力輸人很多，而非常不快樂，學習的負面情緒開始出現。

但由於我們的耐心陪伴、適當的讓他抒發情緒，那個過程對他雖痛苦，但也熬過來了，沒因此受挫而被打敗，反而愈挫愈勇的拿金牌回來。

兒子也成長了許多，不因此驕傲，能**體會自己被輕視、鄙視的感覺，反而更謙虛、更能同理受挫的人，學會忍耐、感恩與珍惜。**

兒子努力的汗水換來收穫的歡喜，克服困境帶來心靈的成長！

所以我才會說，我們永遠不可能知道什麼才是對孩子好！選擇快樂童年伴隨追人的辛苦？

提前或慢磨沒有一定，全看孩子的個性

經由兒子這件事，我常思考一件事，事情重來會更好嗎？

如果知道兒子當時追人這麼痛苦，重新來過後，一路幫他從小開始規劃，這樣會不會比較好？未必！

可能很好、很順利，也有可能壓榨他的想像力及創造力，現在什麼都不是，追人追得更辛苦。

走過就不要後悔，勇於接受結果，這也是我常對兒女說的話。

千金難買早知道，先學好或慢學才對？這沒有一定標準答案，沒有對與錯，只能說遇到了做就對了！

最重要的還是要適才適性，有些孩子適合提前，有些真的要慢磨。

但不管先學或慢學，父母要注意的是學習啟發的首要條件，一定要先激起孩子的興趣。

當孩子有能力，又不是壓力時，為何不讓孩子先學，為國高中存些睡覺時間？當孩子沒能力，提前又是壓力時，為何要揠苗助長，扼殺孩子的興趣？

其實提前這個觀念是沒有錯的，錯在家長不了解孩子、不會適才適性，不會變通，父母心太急，扼殺了孩子的學習興趣，這才是孩子不快樂的真正原因。

我們孩子在提前學習的路上，一路是非常快樂的，非常適合我們（兒子還嫌不夠……），所以把好處經驗分享，至於適不適合自家的孩子，父母要用心陪伴、了解孩子的特性，只要是適合自己的孩子就是好。

一切還是**以引導孩子的學習興趣為導向，建立基本態度為根基，當父母的我們只要陪住孩子的心，長大想飛就有能力飛，盡情的飛。**

還是那句話，只要沒扼殺學習興趣，適才適性，因人而異，因材施教。

06 做不做筆記？

高一時的女兒曾告訴我：「同學建議我可以把筆記copy拿去賣。」

我問女兒：「妳會這樣做嗎？」

「不會！」「這就對了！不要計較眼前的小利。分享，溫暖人心帶來的快樂會讓生命更美好。」

做不做筆記，全看孩子的學習方式和習慣

從小到大，所有的老師都要我們上課認真、寫筆記，我也是這樣長大的！女兒也是有做筆記的習慣。

女兒的筆記功夫堪稱一流，不只班上同學借，別班的也慕名而來，好多科的老師都向她借去copy給同學。

許多有經驗父母的教養書及一些K書高手、榜首的經驗分享，都有做筆記的習

慣，我也曾經有這樣的迷思，也很希望兒子能做筆記。

女兒國中時做的筆記就非常受到同學的青睞，我曾問課本一片空白的兒子：「為什麼？都沒看你在做筆記！」

兒子回答我說：「有啊！」

「在哪裡？」

兒子很自信的指著自己的腦袋說：「在這裡！」

我一直認為這是一句玩笑話！

也有許多讀者看到書中女兒的筆記做得這麼完善，很緊張的問我，他們的孩子不愛做筆記怎麼辦？

一開始我只會片面回答：「我兒子也是這樣！」讓一些家長能比較安心些。

若資質夠，學習態度也正確，上課不一定要做筆記

兒子科奧（科學奧林匹亞）受訓時，開玩笑的說：「已經輸人家一大截了，想拚連體力都不如人。還帶有遺傳性地中海貧血基因，容易累，想讀書都不行！只要用腦一個多小時就熄火了，考試連考幾堂就掛了，科奧一堂考試三小時，我拿什麼和人家比賽？」

因自身的體驗，確實容易累、容易熄火，問題是兒子熄火也熄得太誇張了，一直很內疚！安慰自己可能他壓力大的關係，等科奧結束後，一切應會恢復正常。

但科奧結束了，這情形還是沒改變，我一直觀察研究，到底哪一個環節出了差錯？每天晚上十一點就催他上床睡覺，身體該補的，我也很認真的照顧他了，卻不見情況改變……。

直到有一天，兒子身體漸漸負荷不了，告訴我身體狀況，從中得知學習情形，才知道他為何會比我們容易累、容易熄火。

「我一定有閱讀障礙！老師在上課都聽不懂，要很專心、用力的聽才能懂，才有辦法再延伸。有時聽了一整堂都聽不懂，回來自己看，反而一下子就會了。更氣人的是，上課時的內容或考試的題目都會，可是當下就是不會，有時到家後回想一下不會的題目，馬上就通了。」

經這麼一說，我才明瞭他腦神經完全沒休息。原來他真的「在腦袋裡」做筆記，才會這麼累！

也有讀者分享自己兒子的經驗：「我兒子說，上課如果還一邊做筆記就無法專心聽講，馬上吸收。」

不可否認，建立孩子做筆記的好習慣有許多好處：提高學習效率、上課比較專心等，還有父母想了解孩子有沒有用功念書，看他們的課本就能知道；想明白孩子有沒有認真上課，看他們的筆記本就能窺之一二。

但依我兩個孩子身上的經驗，**上課做不做筆記？**

因人而異，因資質而異、因態度而異，聰明的人尊重他們的想法和腦袋，如果像我女兒這樣的資質，請乖乖做筆記吧！

如果資質不夠，又不肯下功夫做筆記，這就不對了，表示孩子在態度上出現了問題！

07「說教」時機及場合

惡言傷人、氣話傷心、威脅傷害等，這些都只是大人一時情緒的抒發，對孩子成長沒有幫助，反而對親子關係帶來一些彌補不了的傷害！

說教的大原則：避免傷害到小孩

我將二十年的小小心得整理下來和大家分享，彼此提醒！這些原則有些是我以前常常犯的錯，也造成孩子的傷害！親愛的父母，切記！切記！想「說教時」請等等。

1. 說教前先聽聽孩子怎麼說，多用同理心。孩子犯錯絕對不是故意的，給孩子犯錯的機會。
2. 省視自己的情緒，大人情緒不好，只因孩子行為不符合我們的期待而小題大作。若是孩子真的犯錯，也給自己不要錯怪孩子的機會。

3. **理性才能解決真正的問題，控制好大人自己的情緒，儘量用說的，不要用罵的**，愈罵孩子愈不聽，他們的心會離父母愈來愈遠。

4. 不要口出惡言，說出一些負面名詞。這對親子關係的殺傷力最大。比如，父母常掛嘴邊的「你怎麼那麼笨？」、「你白痴啊！」……，這類平時開玩笑可以，但說教時絕對不行，孩子會真的認為他就是父母口中說的那樣。

5. 不說氣話。例如，「早知道，就不要把你生下來。」「乾脆出去不要回來算了，免得見到你就生氣。」……

6. 不用威脅的語氣。例如，「如果不聽話……，我會把你的……。」「你有種就自己出去生活……。」

7. 說教內容是孩子犯錯的這件事，而非人格，不要用讓孩子有違逆父母的罪惡感言語。

8. 一次只針對此次的犯錯，而且要說明哪裡錯了。

9. 切記！不要翻舊帳。這會陷入無限迴圈、失焦，溝通失效。

以前我工作忙時，最常出現的口氣是：「你聽不懂喔？是眼睛還是耳朵有問題？」

這種氣話、剝奪權利、威脅的話，只能官威的一時，而且只對小小孩無能為力時有用，但對青春期長大的孩子，不僅是傷害更是激怒他們情緒、意氣用事的引爆點。

每個人都有情緒、也會犯錯，如果是父母自己的原因而錯罵了孩子，事後當天，一定要向孩子說對不起，並解釋當時的想法及原因。

孩子做錯事，父母應該管教，但管教要合時合宜，要管得貼切，切中要害命中紅心，訊息的溝通才能達到最好效果。

父母在管教時，應該避開的時機和場合

經驗分享，父母應該避開以下的時機、場合管教小孩，才不會有事倍功半的無力感。

1. 不管何時、何地、任何年齡，都不應該在有「第三者面前」罵小孩。小小孩也是有自尊、需要別人的尊重。

2. 在孩子習慣、態度建立時，臨時發現任何重大的錯，他「正在玩樂的時候」不能罵，等他玩樂時間結束才可說教，不然只是白費口舌，因為孩子玩樂被打斷，心情已經不好了，根本聽不進去。

3. 「夫妻吵架時」不能罵，不然會覺得父母吵架是因他們而起。其實父母最好不要在孩子面前吵架！

4. 考完試「成績不理想時」，拿到成績單時不能罵。不然會認為父母只重分數。

5. 不要看到孩子「被老師寫聯絡簿時」就開罵，應該聽聽孩子怎麼說，查明原因再說教。

6. 孩子玩遊戲「輸不起大哭時」，此時心情沮喪的他們，任何大道理是聽不進去的。

7. 孩子在「用餐吃飯時」。

8. 「大庭廣眾的公共場所」。

9. 大人自己情緒不好時。這是我以前最常犯的錯，當自己的心情不好時，孩子小小的錯，都會被我放大，結果總是兩敗俱傷。

天底下沒有父母是完美的，這些教條只是個經驗分享，參考參考，大家盡力做到就好。

教養中，一定有許多朋友也會有如此感覺：「父母常常都把話說得很好聽，但真正面臨考驗時，又不是這麼一回事了！」

許多事「知易行難」，問題有些出現在「決心」不夠，但有些事是出在「心念」的問題上。

世界上最完美的父母，是懂得一路修正的父母！

面對親子溝通，只要父母一路陪伴，懂得一路修正，到了「關鍵時刻」，自然就會有智慧的達到雙贏局面。

08 有了陪，比的就是堅持度了！

常常有讀者問：「我想請教妳，您第一本出的書是0～6歲小孩教養，而我家的小四了，還能看這本書參考嗎？」

或是「我的孩子都大了，您的書還適用嗎？」

我的書任何年齡都適合，這跟房子的結構一樣，地基很重要！況且態度、習慣、觀念是影響一輩子的！

陪伴孩子除了成績外，所有的習慣、品德教育都是重點

孩子要帶心，小時候陪住孩子的心及感情，先了解、搞懂孩子的先天氣質，長大才能陪出孩子的好情緒。

書名雖是《6歲前，帶住孩子的心》，但裡面探討的是問題發生的根源、解決問題、釜底抽薪的根本。

孩子的人生不是只有課業成績，還包含了品格、健康、習慣、態度、情緒、人格特質等的培養，滿滿的愛與陪伴及支持才是優質的家庭教育。

還有許多媽媽都會問這個問題，徐爸去演講時也是很多人問：「七本書，要從哪一本先看？」

雖然這是見人見智的問題，但我們的回答都很一致，建議從第一本《我這樣教出資優兒》開始看，或《6歲前，帶住孩子的心》。」。

因陪伴孩子不是一天兩天的事，急也沒用，不要心急，要有耐心，慢慢看、每篇都看完才有收穫。

而且可以重覆看，同樣的內容每次看都會有不同的體悟喔！

因為每次看的焦點都不一樣，而你們要的答案我們的書裡幾乎都有。

有了陪，比的就是堅持度了！

7

年紀不同，陪的重點也不同

陪伴的重點是「感動」。
真心誠意、無私單向的愛及體諒、不求回報；
只有耐心、犧牲、付出、傾聽、體諒、引導，
線夠長，感動就愈深，魚就夠大。

01 不同階段，應有不同陪伴方式

小時候是天使，長大變惡魔？孩子剛來報到時，初為父母的我們，因孩子帶來喜悅，將他視為天使，寶貝得不得了。經由時間的洗禮，有些人卻說寶貝天使變成惡魔？

事實上，他們沒變，還是剛初生時的那位天使。

為何孩子漸漸長大，有些天使卻變成惡魔？

只要陪法正確，孩子不會從天使變惡魔

我問外子這個問題，外子回答：「因為父母不會陪啊！妳會把妳兒子當惡魔嗎？」

外子回答的很實際貼切，我笑著回答：「不會啊！」

「這就對啦！」

我故意問他：「那要怎麼陪？」

一向自我意識良好的外子：「去看我的書就知道了！」

早猜到他會如此回答，我反嗆回去：「就知道你會這麼說，真不要臉！」但這是事實。

當孩子變成惡魔時，大人第一時間一定檢討孩子，為什麼會變成這樣？卻很少去反省大人自己。

有些孩子一出生因先天氣質的關係，表現出來的行為，就如大人口中的惡魔一樣，這樣的孩子也不少。

但有些父母卻能把這些惡魔變成天使，差別在哪？他們如何做到？

只因他們情緒穩定，且用對的方式陪伴，給予滿滿的愛及足夠的耐心，引導孩子慢慢成長。

孩子還是孩子，為何會變？

一大部分是夢幻消失、現實的來到，大人情緒的出現，另一部分就如外子說的是父母不會帶的關係，還有一個重要因素，孩子不良的行為不符合大人的期待，所以天使變惡魔。

從嬰幼兒時期父母的教養方式開始，慢慢影響著孩子的行為，開始了孩子是會繼續當天使，還是變成惡魔？

孩子還小時的許多行為，父母不覺得有何不妥，等到青春期漸漸脫離父母掌握，這時父母才開始擔心孩子變壞，而採取高壓手段，用「我都是為你好」當大人自己的護身符，阻斷了親子間坦誠溝通的機會，這樣的愛，對成長中的孩子是一種殘忍的愛。

成長中的孩子不同階段，應有不同陪伴方式。

有一種陪伴是不分年紀的，那就是「身教」。

陪伴的重點就是「感動」。

我們不只陪孩子，是用身教感動孩子！

讀者常問：「『何謂感動』、『怎麼感動』？」

其實感動都藏在「日常生活裡」。

對待孩子需要真心誠意、無私單向的愛及體諒、不求回報；只有耐心、犧牲、付出、傾聽、體諒、引導，沒有預期、抱怨、計較、期限、底線。線夠長，感動就愈深，魚就夠大。

日常生活中，有付出，孩子就會感動

要孩子聽您的話？請認真先聽聽孩子心裡的話，把孩子的話當話，我們家只要是兒女的事就是大事，作息以孩子為主，常常打亂我們原本的計畫，凡事以孩子為重心這就是感動！

兒子有次胃出問題，要帶他看一位肝膽腸胃科的醫師，連掛好幾天的號，怎麼掛就是額滿。

我忍不住問對方：「我連掛好幾天都掛不到，連幾周後的都額滿，怎樣才能看到這位醫師的診？」

這位好心的小姐教我兩個方法：「一個是當天掛號，只有六個名額，要六點先去抽號碼牌，八點再去掛號。另一個是到診間敲醫師的診，問他願不願意加掛？」

我們為了避免醫師的困擾，及保證看得到，徐把拔選擇五點半早起去排隊抽號碼牌，等八點再去掛號，下午由我帶兒子去看診。我們掛了一號！

一定有人納悶為何看個醫師要這麼麻煩？隨便的診所看看就好。

其實看的不是什麼名醫，是一位我覺得很有醫德的醫師，十幾年前曾看他的診。和他只有說幾句話，藥也沒開就回家了。

不會亂開藥給病人吃，而且很有耐心的解釋，所以往後只要是看腸胃科一定掛他的診，家人要看當然也不例外囉！以前很容易就能看到，自此醫院改附屬台大醫院後，就很難掛到號，總要排好久。

前一晚，外子特地撥鬧鐘，想早起排隊掛號去，整晚睡不好，沒等鬧鈴響，早早就出門去。

外子出門後，兒子突然告訴我：「爸爸早早就出門了。」這樣的作為孩子看在眼裡，不感動在心裡嗎？

感動藏在「日常生活中」不用太多的言語，哪怕只是關心的眼神，數十年如一日，這態度不能撼動您的心嗎？

所以有讀者質疑我們都沒談到孝順呢！

唉，孝順在我們家是基本，而且是身教問題，您現在怎樣對待長輩及孩子，孩子將來就怎樣對待您。

說十句不如做一次，孩子需要的是讓他們「感動」的陪伴，不是隨便說說的「叫養」。

02 幼兒時期陪他探索、摸索

放手讓孩子自行摸索，且不怕他們犯錯

幼兒時期多讓孩子自行探索、摸索，容許孩子在學習上犯錯！

剛開始啟用FB時，遇到的問題很多，光基本當機都不會排除，每次遇到問題只好求救於兒子。

但兒子都不直接告訴我，總是說：「妳就try，就一直try看看，就知道了。」

「你直接教我就好，為什麼這麼囉唆？」教孩子時，我知道不能直接給答案，遇到自己時，卻要兒子直接給我答案，真是矛盾！

兒子回答：「都不動腦，不自己試，光靠我教妳，什麼都教妳，東西一多，到最後妳還是會亂七八糟的。」

兒子說的有理，所以真的給它亂try，但問題是怕電腦會被我用到當機，還是小心翼翼，遇到問題也是請教兒子。

兒子最後送我一句話：「電腦這東西不會因為妳一直試就壞掉，除非按到中毒軟體，不過那也沒差，重灌就好。妳都不動腦，頭腦會退化的。」

自己摸索、想出來的知識，才會變成自己的

一開始，真的什麼都不會，無奈兒女都很忙，不好意思一直叫他們，想到兒子告訴我的那些話。

為了分享，所以就自行摸索、嘗試，想不到，最後真的會使用許多功能和朋友分享。

自己摸索出來的想忘也忘不了，別人現成的知識硬塞給你，怎麼記也記不起來，想必這都是你我都有的經驗。

兒子用自身學習的方式教，剛開始不懂的我還很生氣，經由幾次的探索才知道，原來兒子比我們還懂得教孩子。

兒子教了我一課，就是**父母要放手讓孩子摸索，從錯誤中學習得到的經驗更是寶貴**。這道理我們都懂，但要實行時，卻容易忘記。

自己摸索得到的東西，想忘都忘不了。

幫孩子逢山開路，倒不如陪孩子一起探索。

但這也有個別性的，像兒子的方式適合在聰明孩子身上，不用引導自行摸索可行。如果像我和女兒這樣資質的人，一開始是需要被指導、循序漸進的。

每一階段的孩子學習內容不同，陪伴方式也不同，方法也不一樣，希望孩子快樂學習，減輕學習壓力，不是給孩子一個完全不學習的快樂童年，而是找到適合孩子在不同階段都能快樂的學習方式。

孩子對學習沒興趣，是父母還沒有找到自己孩子適合的方法。

03 學齡前期透過遊戲學習陪

學齡前期應著重在觀察、操作、玩耍，啟發孩子熱愛學習、引導孩子學習如何學習，而孩子求知欲和潛能是可以從遊戲中啟發的。

找出對的方法與觀念，孩子的學習就一定會成功

此時期，父母可以透過遊戲學習，開發孩子的潛能，從中找到孩子的興趣，並達到遊戲教育的功能及價值。這部分我在《6歲前，帶住孩子的心》書中有一大單元，有興趣者參考看看。

「玩」是孩子很重要的學習，我家的兩個孩子也可以說是「玩」出來的，他們在學齡前期，每天花在國語正音、數學演練等，正規學習的時間，一天不超過兩個小時。

這裡舉例一個適合家裡有大朋友、小朋友，而且兼具便宜、實用又好玩的玩具——白板。

白板可以當玩具，同時可以當教具，它是教學必備品，也是最佳輔助工具。

它可以拿來親子一起塗鴉、練習寫字、背英文單字……，也可以當記事本，總之，生活中你能想到的都能運用，一定要有喔！

我們家有三面白板陪著孩子一起長大，女兒有多大，它就有多老，現在兒女拿來當記事本。

如果找到並提供對的學習方法與觀念，孩子沒有學不會的，興趣、好奇心、夢想、成就感等，都是疏通及啟發孩子求知欲的通道。

而且絕對是快樂學習。

學齡前期的孩子在學習時，要以溫和但堅持的態度引導

而學齡前期的父母更應注意，此時也是習慣與人格特質養成的初期，孩子是需要被要求、被限制，甚至有時需要有點強迫手段，才不會成為寵溺，使孩子出現予取予求的小霸王、小皇帝行為。

當孩子小、完全不懂時，有些**學習上，父母要以口氣溫和、堅持的態度，這種「半強迫、堅持式的引導」學習是必要的。**

但引導方式如果錯誤，也會傷害孩子。尤其是在五、六歲時，心理成長關鍵期，受父母行為影響最深遠。

經常用打罵孩子的父母，孩子心理有可能會反感、仇恨父母，以後也比較容易習慣性的以暴制暴，主動去打別人。

經常嘮叨、要不然就用權威數落，容易使孩子反感，進一步就會頂撞父母。

經常溺愛的，放任不管任其霸道自由，父母事事接手、事事干涉等，如此這般剝奪孩子學習機會，更是不明智的做法。不僅沒養成好的學習習慣，而且扼殺學習興趣，這樣只會讓孩子愈來愈不愛學習。

總之，教養方式，必須隨成長階段、發展不同，而懂得一路修正！

04 十二歲前陪人格的養成！

小學重品行、習慣、態度。

沒有一個陪伴方式可以100%套用在每一個小孩身上，教養本來就是在停、看、聽之間學習，大部分都只是分享，父母要去找出最適合自己的。

十二歲前，父母應該以身作則，孩子才會遵守規則

陪伴是全方位的，孩子的成長過程中，只要一個環節出錯，結果就會不同。

包括孩子的各項發展（動作、智力、認知、創造力、情緒、語言、繪畫、遊戲、社會行為、道德、人格等發展過程），每個時期在學習知識、思考方式、專注的時間都不一樣。而每一階段孩子學習的內容均不同，教養方式也不同，方法也不一樣。

希望孩子快樂學習，減輕壓力，不是給孩子一個完全不學習的快樂童年，而是找到適合孩子不同階段的快樂學習方法。

十二歲前，我重視在孩子人格的養成。教孩子學會自律！身教重於言教！

人性本善？人性本惡？我相信兩者都有與生俱來的習性。

不管先天為何，都可以經由後天環境教化而改變。

人格特質十二歲以前，受環境的影響很大且根深柢固，而且愈小形成的特質愈難改變，就如習慣一旦養成是很難打破的。

此時期他們最愛講求公平（講求手足、同儕、甚至長輩、師長間種種人、事、物的公平），教孩子懂得社會沒有絕對的公平，只有規則與秩序。磨練多的孩子會比較堅強、獨立、寬容。

無規矩，難成方圓，共同建立規則比說教更有效。

父母要以身作則，如本身兩套標準破壞規則，孩子就會輕視規則。

但面對有些脫線的孩子，如果不是很重要的事，可以不要提醒他、管他。

具體事物的觀察和操作，是十二歲前的學習方法

我家孩子從小自己賺零用錢，花自己的錢，讓孩子感受多花的錢是辛苦賺來的，才能體會父母賺來的錢也很辛苦。

尊重不貶低，寬容而不縱容，讓孩子自然成長、自由發展，培養自我控制力，甚於父母的控制。

當孩子的紀律與基本態度都已養成，十二歲以後，父母就能夠慢慢放心讓其獨立自主處理事情。

父母們最關心的成績問題，國小階段，為何我們沒上幼稚園卻有能力提前、成績又頂尖？

因學齡前，我們在對的時間，用對的方法幫助孩子學習，還有我家姐姐小二時，徐把拔才開始介入功課，他用心、耐心的陪伴以及短期的「魔鬼式訓練」，營造孩子成就感的快樂。

姐姐成就感的快樂一直維持到現在，呵，這完全歸功於外子的毅力及堅持。

我一直強調**孩子對學習沒興趣，是大人沒有提供適合的陪伴，學習方法如果正確，孩子沒有學不會的，而且絕對是快樂學習。**

我們家徐把拔運用得很好，甚至發揚光大，擬出一套非常適合我們家的讀書方法（長中短程不補習法）。此方法目前也受惠於許多家庭。

此時期的孩子（約七至十一歲），需要的是具體事物的觀察與操作，由經驗來獲得實際概念，成為自身的知識。

在徐把拔書中曾提到，教到自然科少見又少吃的疏菜、水果，例如紫色高麗菜、甜菜根等，就帶孩子到菜市場去看或特地買回來，歷史課本中的紅毛城，還特地帶去淡水看這歷史名城。

所以**在此階段可以給他們複雜、多元的內容，但必須是具體實際的操作過程。**

這些都需要父母花時間陪伴。

在孩子上國中前，建立好學習的基本態度及讀書方法，養成好習慣、好態度，就不會出現小學時成績一級棒、國高中走了樣的困境。

陪伴是全方位的，而不只是片面要求成績而已，人格的養成更重要，只要孩子已在過程中不斷的努力，父母就要給予高度的肯定與支持。

05 青春期陪品行、情緒

青春期陪品行、情緒的比例要比陪功課重。

青春期，呵呵，我有經驗。

有時父母眼中，孩子一些不良的行為（習慣），生氣是難免的。

大多時候是我們大人想太多，把它放大了。

先沉澱自己心情，找張笑容面對，笑容有療癒作用，要笑口常開。

別跟自己過不去，正向面對，對孩子有信心。

陪伴青春期的孩子，品行和情緒比功課重要

青春期的孩子是罵不得的，會往心裡去。

只要不是大錯，用講的就好，用感動的更好。

記住！他們懂得！

了解孩子後，就能換個角度和孩子相處，天下太平也可以很幽默。

過了磨合期，彼此了解適應後衝突自然解決。

至於這些看不慣的問題還是存在，大人的情緒偶爾也會發作，但因了解及體諒總能相安無事。

十二到十八歲的心理最矛盾，是「尋找自我」的黃金關鍵期。

但當父母的也不用凡事太擔心，只要用心了解、順勢而為，生命自己會找到它的出口！孩子需要的只是您的「傾聽」。

傾聽不是評斷、批駁、分析，而是為了讓對方把話說出來，抒解一點煩憂。平時不願意說的事，不要特地想要探索孩子心中的祕密。

可以觀察、默默的關心陪伴，給孩子心中一片寧靜。只要您陪得夠，孩子想說時自然就會講給您聽。

有時面對孩子每天不斷拋出的問題，是不是很煩、很累？

有時父母陪起來會有「我本將心向明月，奈何明月照溝渠」，真心換絕情的感受，這些都會過去的別憂心。

孩子要的只是發洩情緒，換個角度傾聽，您會有意想不到的結果。

每天花點時間耐心聽聽孩子的心情垃圾。

青春期的孩子需要尊重、信任，父母要當他們的朋友而非長輩

一位讀者媽媽問我：「兒子現在高一真難講耶，要補習，想說晚上我們載就好，他又偏不要，要自己騎腳踏車，說已長大了。

假日就在附近打球就好，偏偏不聽，還要約同學一堆人，說比較好玩，但是又要跑好遠，真是生氣！

如果是你，要如何提供意見呢？」

青春期，有時大人要他們做什麼，臉會很臭、眼神很兇、口氣很不好、不耐煩的說：「不要！」

如果此時父母也很堅持，可能的結果就是爭吵。

有時他們壓力大時，我們好口氣噓寒問暖，還會被頂回一句：「知道啦！好煩喔！」

此時，如果父母和他們計較就會得內傷。

但我會要求他戴安全帽、開前後燈及報平安。

孩子長大了，許多事不是只有溝通，大人要學著尊重他們的想法，他們才能學會尊重妳！

這時期的孩子有些時候只做想做的事，有自己的想法，不愛大人的指使，所以只要無傷大雅的事，我會給孩子更多一點柔性空間及尊重，讓他們有長大的感覺，也學會彼此尊重。

孩子愈大，說教要愈少，青春期的孩子，當您花很多時間注重在某件事上時，孩子自然就能明白它的重要性，父母根本不用長篇大論，孩子就懂得它的道理，也能體會您的用心。**不要凡事硬梆梆，用朋友的方式尊重、信任、關愛、感動，等待他們長大。**

這些回憶及被愛的感覺，都是孩子往後面對成長困境時，最寶貴的支持力量。

若孩子走偏、變壞了，要用真心陪伴，讓他們感動、回頭

有父母問青春期孩子變壞了，怎樣救回來？

唯有真心陪伴的感動，要做到孩子感動！

如何感動？方法無他，就是一次一次的「真心陪伴」。

父母要花時間陪，孩子要一次次的慢慢陪、慢慢救回來。

就算一次一次的陪都沒成效，你還是要一次一次的被他騙。（孩子敷衍的行為就是欺騙父母的一種），他也會一次一次的內疚。總有一天，會發現父母的真心，

最後一定會感動他。

這就是我們所說的陪到讓孩子感動！

孩子會變壞是因為之前陪得不夠，不夠感動孩子。

只要父母肯花時間重新陪，孩子一定救得回來。

大人陪伴的過程，如果感動到孩子的心坎裡，不要急著要求成果，耐心的等待，孩子表現出來的行為也會讓我們很感動。

聽過藝人包偉銘跪求兒子的故事嗎？父兼母職的他，兒子在國一到高二時誤交損友，還偷錢、蹺家、無照駕駛，為了拉回兒子，他下跪哭求。

他兒子因而感動，在親情的感召下，跟著父親回家，脫胎換骨變成一個肯上進的年輕人。

我一直強調有愛的孩子不會變壞。父母肯真心付出愛來陪，孩子也一定能救回來。

浪子回頭的故事時有耳聞！

他們的背後一定有一個溫暖且充滿愛的家，永遠打開大門等著他。

父母應協助孩子找到真正的人生方向，鼓勵孩子從興趣中去做想做的事，孩子才能在自己的人生舞台發光發熱。

06 他小五，我陪他建立自動自發的習慣

他單親少了媽媽，視他如己出，用真心陪，無私的付出，真心的感動！

我沒教他，只是用一般母親的愛陪並鼓勵他說：「你一定可以的！」

我只是清楚讓孩子知道，學習是本能，不用老師教，自己看就會懂、就會寫、就會算。

用無私的愛陪伴，孩子就會懂得你的真心

一開始我要他自己看自己寫，再由我批改，對於錯的題目，只請他再檢查過或重新唸過題目，就能找出錯誤，真的不會再查看答案解析，如果再不會幫他找資源問。

整個練習過程中，大部分都是由他自己完成，愉快且有成就感，信心自然大增，因此提升了自信，增加了學習興趣。

我沒教他，我只是陪他，幫他把自主學習這個動作成為習慣。

這就是我所說的陪到一個點，這個點就是自動自發。

他一個星期來我們家兩次（和我孩子一起學英文talking），我幫忙批改出給他的數學功課，我不教他，只是很有耐心的請他錯了再訂正，訂正到對為止。英文，更不可能教，我告訴他每天會撥空驗收英文單字，請他每天晚上七點半打電話來驗收當天的英文單字，驗收完再看「大英或空英」，我也是每天很有耐心等電話，有時會沒打，沒關係，換我打過去追人問原因！

給我的理由不外乎上廁所、還沒背好、剛回來等，各種不同的藉口。

所有理由我都接受不罵人，但理由歸理由，做還是要做，我要他背好再打來，不管多晚都會等（規定最晚是晚上九點半，不然，隔天補回），這個動作是要讓他知道，我的關心是真心的，不是緊迫盯人。

這個方法看似簡單，但孩子很聰明的，長期下來，妳真不真心，孩子是點滴在心頭。

〈汐止來的小孩〉的真心話

「當年熱心的徐媽媽，知道我的狀況後，便為我規劃數學和英文的學習腳步，調整學習態度。

自那時起，徐媽媽利用自己休息時間，抄寫數學題目讓我每天練習，每當題目做錯了，就要我訂正。再錯、再訂正，再錯、再訂正……，訂正到沒錯為止。

徐媽媽更是用了十二萬分的耐心及愛心，幫我批閱每道題目。

持續三年下來，我的數學實力累積了不少，比同年齡的同學超越兩年的學習進度，使我在日後學習數理方面的學科遊刃有餘，可以把學習的時間運用得更靈活。

感恩當初徐媽媽對我的照顧，把我當自己的孩子那般教導。有時遇到挫折時，會有放棄的念頭，徐媽媽不管用利誘或威逼的方式都讓我繼續撐下去。

記得徐媽媽曾對我說：『今天逼你，或許你會討厭我，但是，相信以後你會感激我！』」

輔導之初，我下班回家煮完飯後，每天等他電話，和他對答案、解說，並抽問十個英文單字，每天花一個多小時，三年如一日，雖然辛苦，但讀警察大學、長大的他，逢年過節都會打電話問候，每年的寒暑假也都會特別撥空來探視我們。

畢業後，他考上國考，第一時間和我分享，社會又多一名正直、誠實，懂得感恩的公僕，這種感覺比中樂透還開心。

07 獎勵應有度、有原則

獎勵不應該用物質來衡量，只會把孩子的胃口養大

一位媽媽：「我兒子國中基測考得很好，給他大大獎勵，買了智慧型手機，現在高三了，學測考不好，最近又明明要指考了還在玩電腦，在家中不能玩就跑去網咖，真不知如何是好？」

有一種父母最常用的就是「如果考試班級前幾名，獎勵你多少錢、新款手機、帶你出國旅遊……」。

還有這樣的話語也常常耳聞：孩子國小一、二、三年級時，成績都是班上前三名，在小四就開始往下掉，到了國中掉得更厲害，有些撐到高中才開始掉。

為了讓孩子好好學習，在小時，往往會想盡各種辦法。

這些父母都有一個共同的特質，就是考試考好，父母就給很大的獎勵。

這種獎勵一開始是立竿見影、最有效的方法，但副作用也最大。

這個問題在國小、國中較不會有太多問題浮現（但還是有），因為課程簡單，只要父母還有陪著，孩子的表現不會太差。

其實這樣的情況有時也很危險，容易自我感覺良好，沒有危機意識，等到成績下滑、承受不了失敗，有可能會一蹶不振的。

到了高中，課程加深加廣，父母如果從小沒建立好孩子學習態度及正確觀念，青春期的孩子更不受父母控制，問題就會出來。

有些家長一開始獎勵太大，養大孩子的胃口，等到孩子長大，獎勵要愈來愈大才有用，當父母負擔不起或孩子不再受誘惑時，這種獎勵方式會失效。

有許多父母訴說「獎勵」之後的困擾，有些甚至承認，獎勵太大無法實現，有些是太忙無法兌現，總之最後食言了！

究竟應不應該給予孩子物質獎勵、如何獎勵等問題困擾著許多家長，也考驗著家長的智慧！

其實父母如能掌握住精神上的獎勵，永遠大過物質上獎勵的原則，這些困擾會自動消失。

物質獎勵應有度，有時，給孩子微笑、擁抱更勝於物質

處於當今資訊蓬勃、誘惑太多的環境，要做到完全精神上的獎勵，根本是不太可能的事。

既然不能做到完全沒有物質上的獎勵，但我們可以掌控獎勵的制度與原則。獎勵應有度、有原則。

說出口的獎勵要言而有信、履行諾言，最後別讓獎勵變了質成為交易。沒有兌現的諾言，父母會失去孩子的信任和尊敬。

如果承諾真有不得已的情形不能兌現，一定要事先向孩子解釋清楚、講道理，甚至向孩子道歉！

平時物質獎勵應有度，家長答應的事情，就一定要想盡辦法做到。不要隨便答應要求，說完後又忘記，大人的不在意，在無意中會傷害孩子。誠信是做人的根本，父母要求孩子誠實的同時，自己先要做一個誠實、守信的人。父母履行諾言，不僅能樹立家長在孩子心目中的威信，同時又能使孩子在無形中，學會誠信。

獎勵能激勵孩子、促進孩子認真學習，但如果掌握不好，會適得其反帶來不良後果，因此，父母應慎選獎勵的方式及承諾。

如果考出理想的分數，給予一定獎勵無可厚非。應注意的是，如果獎勵已經變質，成了刺激孩子學習的手段，此時獎勵變成交易，誤植了孩子的價值觀，就失去了意義。

一個人除物質外，還有許多精神上的需求，例如：被人尊重、被人愛、被社會認可、被人理解等多方面。

所以在選擇激勵方式的時候，不妨多給孩子一些精神上具體的鼓勵與讚美。**有時，一個滿意的微笑、擁抱、一個賞識的眼神，就可能讓孩子感動、銘記一輩子。**

當個有智慧的父母很重要，從小和孩子鬥智建立好學習態度及規則，不要隨便獎勵孩子。

親愛的父母，**引導孩子樹立真正的學習態度，用具體的鼓勵與讚美，驅使孩子學習正向的動力，一股向上的鞭策力，才是重點！**

如果非要給孩子買點什麼，最好是實用的益智玩具或其他學習用具，不要讓孩子將單純生活物質的必要需求，擴大成想要因素，享受不必要的物質享受來作為他的學習動力。

平時獎勵有度、有原則，就能避免日後一些問題產生！

國家圖書館出版品預行編目（CIP）資料

帶出資優兒的祕訣：陪伴 / 李春秀著.
-- 初版. -- 新北市：
文經社, 2016.08
面； 公分

ISBN 978-957-663-749-0（平裝）

1.親職教育 2.子女教育

528.2 105010690

文經社 G0001 **帶出資優兒的祕訣：陪伴**

作　　者 李春秀
總 編 輯 陳莉苓
特約文編 楊顯慧
美術設計 江儀玲

社　　長 吳榮斌
出 版 者 文經出版社有限公司
地　　址 241 新北市三重區光復路一段 61 巷 27 號 11 樓 A
電　　話 (02)2278-3158. 2278-3338
傳　　真 (02)2278-3168
E-mail cosmax27@ms76.hinet.net
郵撥帳號 05088806 文經出版社有限公司

法律顧問 鄭玉燦律師
印　　刷 科億資訊科技有限公司

本版日期 2016 年 8 月 第一版 第1刷
定　　價 新台幣 300 元